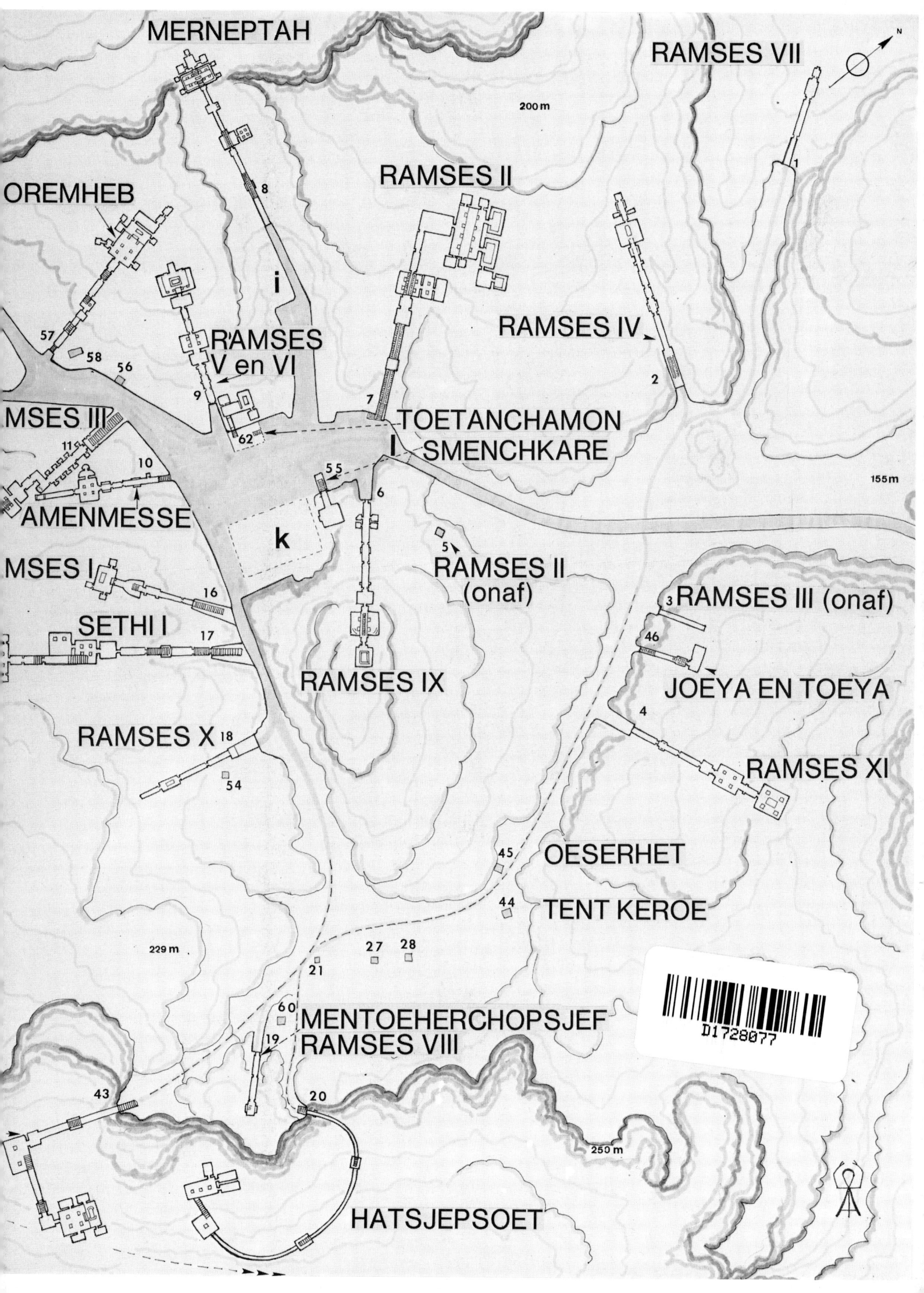

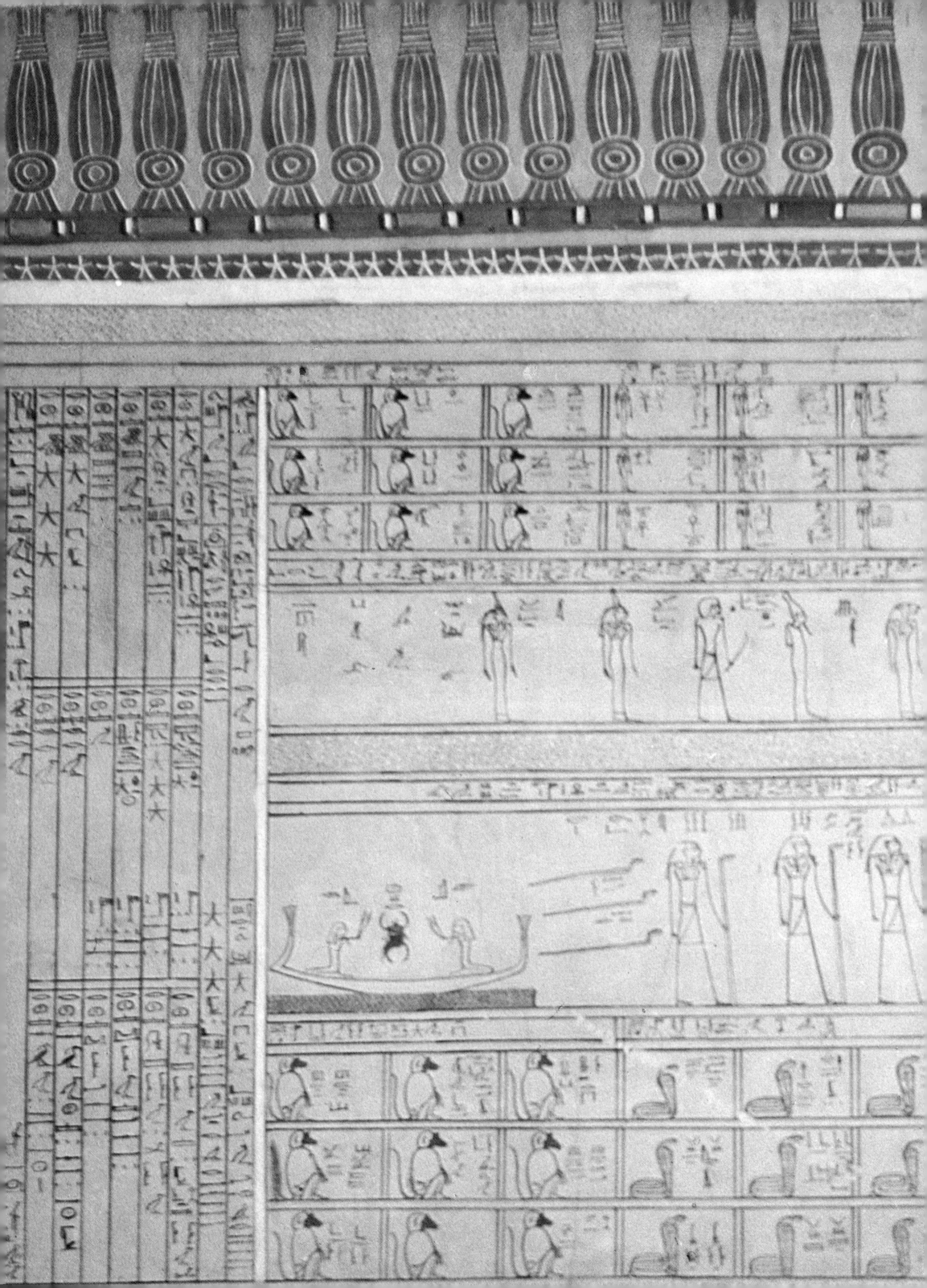

Auke A. Tadema
Bob Tadema Sporry

VALLEI DER KONINGEN

de graven van de farao's

Fibula-Van Dishoeck·Haarlem

Voor HENK

Voorkant omslag: Nijlpaardekop van een van de bedden van Toetanchamon, voorstellende de onderwereldgod Ammoet (een verslinder van 'zondaren'). Het bed is van hout overtrokken met bladgoud, de tanden zijn van ivoor en de tong is gekleurd.
Achterzijde omslag: Sarcofaag-zaal in het graf van Ramses VI (1141-1133 v.C.; graf nr. 9). In het midden de crypte met fragmenten van de roodgranieten sarcofaag. Op de zuilen de farao voor de goden. Op de achterwand voorstellingen uit de 'onderwereldboeken'.

Titelpagina: Wandschildering met een deel uit het *Amdoeat,* in de sarcofaagzaal van het graf van Amenhotep II (1453-1419 v.C.; graf nr. 35).

© 1979 Unieboek, Bussum

Eindredactie: Drs. R.J. Demarée
Lay out: Chris de Goede
Omslagontwerp: Hans Frederiks

Zetwerk: Euroset b.v., Amsterdam
Kleurenlitho's: Boan b.v., Utrecht
Druk en Bindwerk: Wolters-Noordhoff Grafische Bedrijven b.v.,
Groningen

ISBN 90 228 3348 8

Verspreiding voor België: Unieboek België n.v., Deurne

Inhoud

Woord vooraf

Waarom een boek over de Vallei der Koningen?

Het aantal wetenschappelijke boeken, verslagen en rapporten over afzonderlijke onderdelen van de Vallei is indrukwekkend groot. Talrijke detailkwesties zijn in een egyptologische vakbibliotheek na te zoeken, en met name in de *Topographical Bibliography* van Porter en Moss en het (nooit als boek gepubliceerde) verslag van Elizabeth Thomas, *Royal Necropoleis*. Maar een meer algemene samenvatting van de bekend wetenswaardigheden over de koningsgraven is nog niet verschenen. Nu honderdduizenden de Vallei met eigen ogen hebben aanschouwd en de weinige koningsgraven hebben bekeken die nog bezocht mogen worden, leek ons een samenvattend boek hierover zeer zinvol.

Daarnaast is er het schrikbarende rapport van het Museum van Brooklyn (VS) over de desastreuze toestand van de koningsgraven, vooral veroorzaakt door de inwerking van vocht in de steen van het gebergte waarin ze zijn uitgehakt.

Tot slot nog dit. De Vallei der Koningen in Thebe, die wij sinds zevenentwintig jaar regelmatig bezoeken en die we tot in de uithoeken kennen, was een dankbaar object om er een boek over te maken, zelfs al duurde het drie jaar eer we het materiaal hadden verzameld. Moge de lezer het boek met evenveel genoegen 'doorwerken' als wij hadden bij het samenstellen.

Bob Tadema Sporry
Auke A. Tadema

De Vallei der Koningen gezien vanaf de top van de berg El Korn.

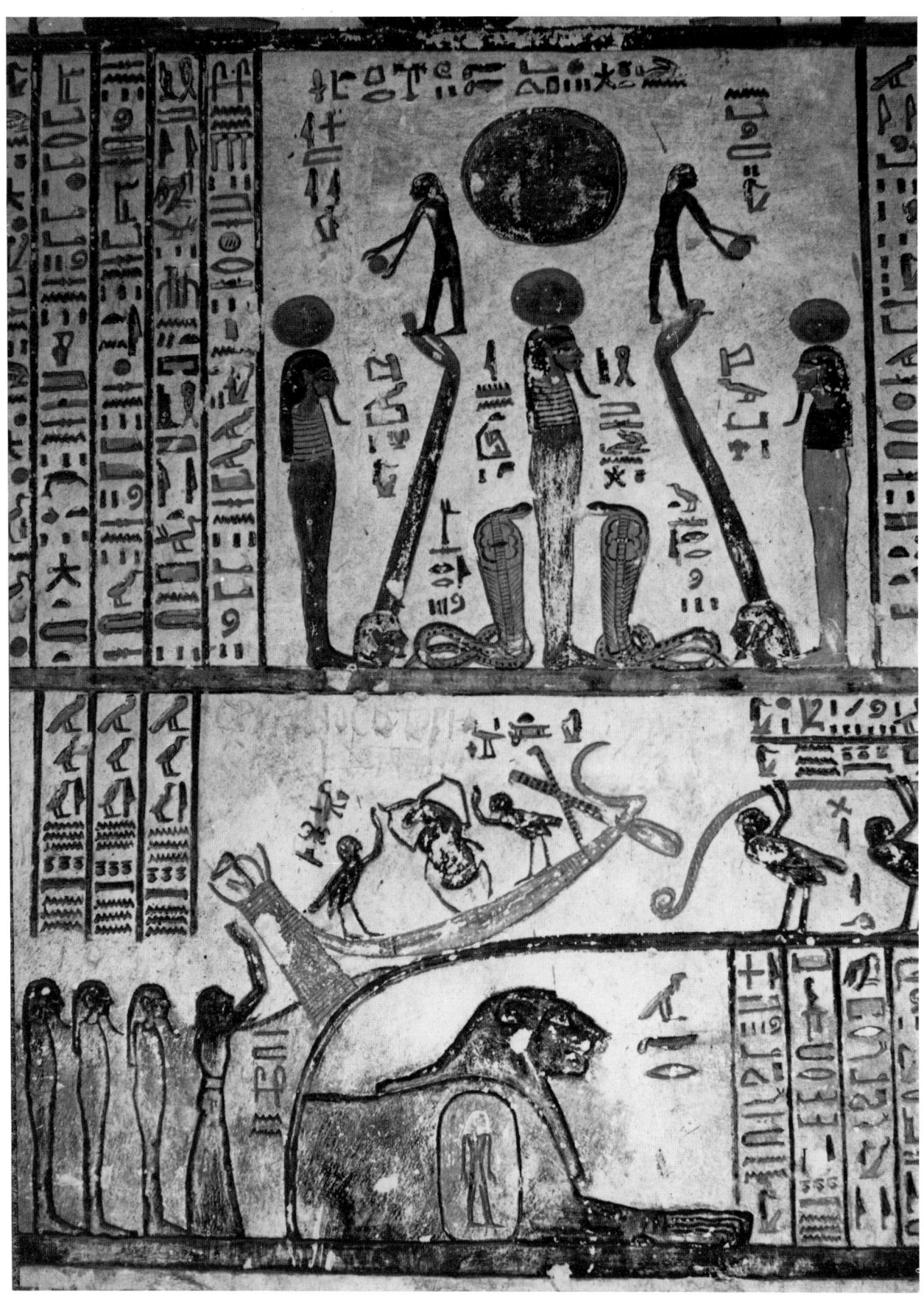

Detail uit het derde en vierde register van deel A van het Boek van de Aarde in de sarcofaagzaal van het graf van Ramses VI

De Vallei der Koningen

Het reusachtige goudgele amfitheater met de vaak loodrechte wanden, een aantal zijvalleien en grotere en kleine kloven, is langzamerhand een begrip geworden in het wereldtoerisme, een plek die geen 'mummieganger' missen mag indien hij wil kunnen meepraten over het oude Egypte. Een vallei zoals er op het eerste gezicht heel veel bestaan aan de rand van de Libische woestijn, waar een volmaakt dorre hoogvlakte met 400 meter hoge heuvels oprijst uit de alluviale vlakte van het Nijldal. Een netwerk van smalle paadjes kronkelt omhoog, volgt de hellingen, duikt over scherpe kammen en daalt aan de andere kant weer neer. Het zijn paadjes die vaak duizenden jaren oud zijn. Sommige zijn zo diep uitgesleten, dat men duidelijk kan zien dat er tientallen eeuwen lang mensenvoeten en ezelhoefjes overheen zijn gegaan. Andere zijn nieuwer, dat wil zeggen enkele eeuwen oud. Maar allemaal voeren ze naar dat ene punt: de Vallei der Koningen, *Biban el-Moeloek* zoals de Egyptenaren deze indrukwekkende plek noemen.

De vallei is geologisch bezien een waterbedding, een *wadi*, waarlangs het uit de hemel neergevallen water naar de Nijl stroomt wanneer er eens in de zestig, zeventig jaar geweldige regenbuien optreden. Het meest naar de Nijl gelegen deel heet Wadiyèn en is een brede bedding, bezaaid met neergestorte of door water meegesleurde rotsblokken. Daar waar de Wadiyèn vroeger werd begrensd door een verhoging in de bodem – een verhoging die men later weggroef om gemakkelijker toegang te verkrijgen voor de begrafenisstoeten die met de bijzetting van een koning gepaard gingen – begint de échte Vallei der Koningen. Pal ervoor buigt naar het westen toe nog een imposant zijdal af, de Westvallei.

Vijfhonderd jaar lang is de vallei gebruikt als koninklijke begraafplaats. Drie dynastieën van farao's, de 18de, 19de en 20ste (1570-1070 v. Chr.), werden hier met veel pracht en praal bijgezet in hun Huizen voor de Eeuwigheid. De vallei is het toneel geweest van drama's en intriges, van roverijen en groots vertoon, van herbegrafenissen en later van toerisme dat reeds meer dan tweeduizend jaar geleden begon.

Afgezien van de Egyptenaren zelf behoren de Grieken tot de eerste toeristen. In die tijd stonden er heel wat graven open en vele verkeerden in aanzienlijk betere staat dan tegenwoordig. Diodorus Siculus vond in de eerste eeuw v. Chr. zevenenveertig graven waarvan er zeventien toegankelijk waren.

Europa verscheen voor het eerst in de vallei in de persoon van de jezuïet Claude Sicard, die er niet minder dan vier keer ging kijken: in 1708, 1712, 1720 en 1731. Hij vond slechts een tiental graven, waarvan er vijf intact en vijf sterk beschadigd waren. In 1739 bezocht Pococke de vallei.

Een reis hierheen behoorde overigens niet bepaald tot de gemakkelijkste uitstapjes. De bewoners van het dorp Qoernah, gebouwd bovenop de leeggeroofde graven van vele generaties, beschouwden die graven als hun eigendom en meenden met de inhoud te mogen doen wat ze wilden. Kwamen er vreemdelingen – en dan nog ongelovigen ook – die daar op eigen houtje begonnen rond te snuffelen, dan konden ze rekenen op een weinig aangename ontvangst van de kant der Qoernezen.

Na Pococke kwam in 1769 J. Bruce, die de sarcofaag zag staan in graf nummer 2 (Ramses IV) en een kopietekening maakte van de harpenaar die hij aantrof in nummer 11 (Ramses III). Hij vertelt dat zijn Egyptische begeleiders bang waren dat hij er de nacht zou willen doorbrengen – je wist het nooit met die vreemde Europeanen! Ze gooiden toen hun toortsen tegen het harpenaarsreliëf en verlieten het graf. Arme Bruce werd achtergelaten 'in het donker', maar dat bleek wel mee te vallen. Hij zat dicht bij de ingang en zo heel erg donker was het er nu ook weer niet. Wel moest hij zich schietende een weg banen om uit de vallei te komen!

Met de komst van de geleerden van Napoleons expeditie in 1799 leek het tijdperk voor wetenschappelijk onderzoek in de vallei aangebroken. Toch zou gedurende de gehele 19de eeuw nog altijd meer aan schatgraverij worden gedaan. Rond 1820 waren bijvoorbeeld de Britse consul Henry Salt en de Italiaanse gelukzoeker Giovanni Belzoni volijverig bezig ook uit de graven in de Vallei der Koningen allerlei voorwerpen weg te halen. Belzoni haalde de mummies uit hun graven en peuterde hen uit hun windsels, op zoek naar kostbaarheden, nadat hij eerst de toegang tot een graf had geforceerd door met een dadelstam de ingang in te rammen. Na Belzoni kwamen er met grotere

Boven: Het Nijldal gezien vanuit
de grot bij de bergtop El Korn,
kijkend in noordoostelijke richting.

Onder: De ingang van het graf van
Amenhotep II (nr. 35).

Boven: De ingang van de oostelijke
vallei. Op de voorgrond links het
graf van Smenchkare (nr. 55).
Rechts, boven het graf van Toetanchamon, de ingang van het graf
van Ramses VI (nr. 9).

Onder: De oostelijke vallei vanuit
het graf van de kanselier Bay (nr.
13).

Het centrale deel van de Vallei der Koningen. In het midden ligt tegenover het moderne restaurant rechts, de toegang tot het graf
van Toetanchamon.

regelmaat bezoekers in de Vallei der Koningen, maar de grote tijd van de onderzoekingen begon toch pas omstreeks de eeuwwisseling. In enkele tientallen jaren werd de bodem van de vallei aan een grondig onderzoek onderworpen, met name door de expedities van Theodore Davis en later van Howard Carter.

Wat vonden al die bezoekers van de koningsgraven? Dat varieert nogal eens naar de tijd waarin de heren leefden. Hecataeus, in de 6de eeuw v. Chr., verbaast zich: hij vermeldt dat de meeste graven vernield zijn en neemt aan dat dat in zijn eigen tijd is gebeurd. Ze moesten dus 'gebouwd zijn geweest want hoe kun je zulke dingen vernielen?' Strabo is diep onder de indruk. Hij spreekt over de 'graven van de koningen van Thebe', die in uitgehakte grotten in de rotsen liggen. Ze zijn prachtig uitgevoerd en 'het waard gezien te worden'. Onder de door hem vermelde hiëro-

Links: Reliëf bij de ingang van het graf van Siptah (1196-1190 v.C., nr. 47). De koning is hier afgebeeld staande voor de zonnegod Ra-Horachte.

Boven: Enkelen van de honderdduizenden toeristen die nu per jaar de Vallei der Koningen bezoeken; met chirurgische maskers voor het gezicht tegen – men kan het geloven of niet – kwade uitwasemingen van boze geesten.

*Boven: De ovale sarcofaagzaal in
het graf van Thoetmoses III (nr.
34), met twee vierkante pijlers.
Achterin de sarcofaag.*

*Onder: De grafkamer van Horem-
heb (graf nr. 57) vanuit de zuilen-*

*Boven: De sarcofaagzaal in het graf
van Amenhotep II (nr. 35), gezien
vanuit de crypte met de sarcofaag.*

*Onder: De eerste zuilenzaal en de
gang in het graf van Sethi I (nr.
17).*

Boven: Voeteinde van de sarcofaag van Ramses I in diens graf (nr. 16).

Onder: De eerste zuilenhal en de gang omlaag in het graf van Ramses III (nr. 11).

Boven: De sarcofaagzaal in het graf van Merneptah (nr. 8). De sarcofaag heeft de vorm van een cartouche.

Onder: De sarcofaagkamer in het graf van Ramses IX (nr. 6). Voorstellingen uit de 'onderwereldboeken'.

Boven: De stoel van de schrijver
Kenherchopsjef, boven het graf
van Merneptah (nr. 8). Van hieraf
overzag de schrijver het werk aan
het koningsgraf en noteerde hij de
dagelijkse voortgang. Bij de pijlen
schreef hij zijn naam op de uitholling in de rots die zijn 'stoel' werd.

Links: Resten van de hutten der
werklieden, in het midden van de
Vallei der Koningen, alhier eertijds
'de Grote Vlakte' genaamd.

Rechts: In de pas op de bergkam
boven de Vallei der Koningen werden de ruïnes teruggevonden van
een kleine rechthoekige kapel,
mogelijk gewijd aan de 'Godin van
de Stilte'.

16

17

De Vallei der Koningen, gezien
vanaf de heuvel boven Deir el-
Bahari, van oost naar west.
1. modern restaurant
2. graf van Toetanchamon
3. graf van Ramses VI
4. graf van Sethi I
5. graf van Amenhotep II
6. graf van Merneptah
7. graf van Horemheb

Hutten van de wachtpost in de pas
op de weg van Deir el-Medina
naar de Vallei der Koningsgraven,
gezien naar het noorden.

gliefen ziet hij veel 'geitekoppen' . . . Belzoni vermeldt zijn bewondering voor het witte pleisterwerk in de gangen en kamers; dit was 'witter dan het beste papier, terwijl alle schilderingen gevernist zijn'. De toenmalige, in de stad Kena zetelende gouverneur Hammed Aga (een Turk) kwam zich persoonlijk op de hoogte stellen, want waar een grot is bevindt zich natuurlijk een schat en Hammed was niet van zins die in Belzoni's handen te laten. In 36 uur – een recordtijd – had hij de afstand tussen Kena en Thebe afgelegd en repte hij zich naar het graf, waar Belzoni hem rondleidde. Helaas, er waren geen schatten, al zochten de volgelingen van de aga in ieder hoekje. Ze vertrokken dus weer, maar de aga bleef achter en vroeg Belzoni: 'Wat heb je gevonden?' En Belzoni antwoordde naar waarheid: 'Niets.' Natuurlijk geloofde de aga daar niets van. 'Ik heb anders gehoord dat je een grote gouden haan vol diamanten hebt gevonden,' snauwde hij, maar Belzoni wist hem er tenslotte van te overtuigen dat hij het mis had. En eindelijk werd de aga zich bewust van zijn grote teleurstelling. 'Hoe vindt u het graf?' vroeg Belzoni hem nog. 'Een mooie plek voor een harem,' zei Hammed Aga. 'Dan hebben die wijven iets om naar te kijken.' Belzoni dacht er anders over. Hij heeft later het graf in Engeland nagebouwd en de nieuwsgierigen stroomden toe.

*De Vallei der Koningsgraven gezien
vanuit de ingang van het graf van
Thoetmoses III (nr. 34); zie ook
de toegangstrap op pag. 136, links
nr. 4.*

De Vallei der Koningsgraven, gezien vanuit het graf van Merneptah (nr. 8) in oostelijke richting. Op de hoek links van het moderne restaurant het graf van Smenchkare (1336-1334 v. C.; nr. 55) en daarnaast de zeer grote toegang tot het graf van Ramses IX (1126-1108 v.C.; nr. 6).

Aan het einde van de Westelijke Vallei ligt een ravijn met de in de rots uitgehouwen trappen, die naar de pas met de hutten der wachtposten op de bergkam leidden.

Lefébure, die in 1886 kwam kijken, merkte op dat de beelden in 'godsdienstige monumenten' geen interesse waard waren omdat ze 'geen uitdrukking hebben'. 'Het zijn alleen maar goden,' aldus deze cultuurbarbaar, 'alleen maar een groter soort hiërogliefen dan de andere en dus slechts calligrafie.' Een graf was volgens hem slechts een onder-aardse put om mummies in op te bergen. Men gaat er 'de nacht onder de aarde zoeken, alsof men zich stort in het centrum van die hellewereld die staat afgebeeld op de wanden achter in de grote zalen, in die zware schaduwen waar het daglicht nimmer doordringt, in die lucht die alleen wordt bewogen door vleermuizen, tussen die schilderingen zonder leven en zonder ziel waarin zij die deze hebben uitgevonden (!) niet schijnen te hebben geloofd, bij al die teksten en nutteloze sarcofagen waar zelfs de dood afwezig is'. En hij voegt er klagend aan toe: 'Men voelt er een soort afgrijzen, een instinctieve afkeer.'

Waar de Grieken en Romeinen en de latere Europeanen zich steeds het hoofd over braken was: wat bracht de Egyptische koningen ertoe hier zulke immense graven aan te leggen? Het is een vraag die men deels slechts met gissingen kan beantwoorden. Bij het begin van de 18de dynastie was het de gewoonte dat de farao's werden begraven in de heuvels rond Qoernah. Ze lagen er, omgeven door familie en hovelingen, in een soort onderaards huis met kamers en gangen en met een kleine piramide – herinnering aan nog veel oudere tijden – op de helling boven de grafingang. De gebruikelijke grafkapel voor hun dodenriten lag vlakbij.

Waarom liet Thoetmoses I als eerste een graf in de Vallei uithakken? Had hij genoeg van al die omringende tomben van familie, magen en vrienden? Of was hij bezorgd over de plunderingen die altijd en eeuwig plaatshadden en die het leven in het hiernamaals bedreigden, omdat men daarvoor de beschikking moest hebben over behaaglijke grafuitrustingen en een ongeschonden mummie?

De vallei had zo op het oog heel wat voordelen boven het gebied aan de andere kant van de bergkam. In de eerste plaats kon dit terrein uitstekend bewaakt worden door er omheen geplaatste bewakers, hoog op de heuvels, van wie de huisjes inderdaad op strategische plaatsen gevonden zijn. Snoodaards die zich met slechte bedoelingen in de vallei ophielden zouden meteen opvallen. Het moest ook mogelijk zijn een graf-met-inhoud te doen verbergen achter een kunstmatig veroorzaakte aardverschuiving, gezien al die hellingen van los puin. De nieuw aan te leggen graven zouden voorts een heel eind van de menselijke bewoning af liggen.

De keuze van de vallei had natuurlijk ook zijn nadelen. De weg erheen was erg lang en moeizaam voor de begrafe-nisstoeten, en de vallei was te smal om er een imposante dodentempel te bouwen. Het verborgen houden van een graf was zelfs in de vallei niet zo eenvoudig, want er werkten jarenlang talloze mensen aan. En iedere werkman kende de plattegrond, het aantal gangen, de ligging van een eventuele schacht, de plaats der zijkamers vol schatten wel uit zijn hoofd. De oplossing die men hier wel eens voor gevonden meent te hebben, namelijk dat iedereen die aan het graf had meegewerkt werd gedood, kunnen we rustig naar het land der fabels verwijzen. Daar bestaat geen spoor van bewijs voor. Toch zijn er wel graven die zo goed verborgen lagen dat ze pas in moderne tijden werden gevonden.

Als er vijf eeuwen lang op één plaats begraven wordt, is het geen wonder dat er een soort tijdgebonden 'mode' bestaat bij de aanleg van de tomben. Er is in de vallei dan ook duidelijk een lijn te zien. In de 18de dynastie maken de graven ondergronds een bocht of een hoek zoals op plattegronden duidelijk te zien is. Het graf daalt vrij steil omlaag en de grafkamer aan het eind ligt goed verborgen en is even duister als de onderwereld moet zijn. Geen lichtstraal vermag hier door te dringen. Dan komt aan het einde van de 18de dynastie de ketterkoning Echnaton, die een andere geloofsopvatting invoert, waarbij het licht en de zon een grote rol spelen. Hij maakte voor zichzelf in zijn hoofdstad Achetaton een prachtig maar nu helaas zwaar beschadigd graf zonder hoeken of bochten, recht toe recht aan. Van toen af werden alle graven recht (uitgezonderd dat van Toetanchamon) al moest men wel eens noodgedwongen een kleinere of grotere afwijking maken indien de onderaardse bodemgesteldheid dat vereiste. Bij verschillende graven is dat duidelijk te zien. Afwijkingen zijn te vinden bij Ramses II, die een zuilenhal onder een rechte hoek op de as zet; bij Sethi I en Horemheb, die een afwijking van de as vertonen; en bij het eerste graf van Ramses III, die het ongeluk had om bij het uithakken van zijn eigen graf te stoten op dat van Amenmesse.

Ofschoon er heel wat variaties bestaan, ligt er in wezen toch een vrij simpele plattegrond aan een koningsgraf ten grondslag. Het gaat om de dingen die nodig zijn: in de eerste plaats natuurlijk de grafkamer waarin de stenen sarcofaag – 'vleesverslinder' – een plaats moet vinden. Deze ligt helemaal achterin het graf (wat echter in sommige gevallen niet belet dat daarachter ook nog eens een ruimte voorkomt). Dan is er de toegangscorridor: de trappen die nodig zijn om de helling omlaag op te vangen; en de kamers waarin de grafuitrusting werd geborgen. Mooie zuilenhallen wisselen die verschillende afdelingen onderling af. De ingang van het graf ligt waarschijnlijk uit praktische overwegingen op de begane grond en met de ingangspoort op de vallei gericht. In het begin wordt die ingang na sluiting en verzegeling van het graf zo goed mogelijk weggewerkt achter puinstortingen en rotsblokken. Later onder de Ramessiden blijft de dan zeer monumentale en vaak rijk versierde poort open en kan men om zo te zeggen gewoon naar binnen wandelen. De graven van Ramses II en VI liggen iets boven de begane grond.

Boven: De weg die de arbeiders
van Deir el-Medina liepen als zij
naar hun werk in de Vallei der
Koningsgraven gingen.

Rechts: De ingang van het graf
van Sethi II (1102-1196 v.C.; nr.
15). Zelfs houten èn ijzeren deuren
blijken niet voldoende zekerheid

te bieden: een stapel zware stenen
moet het eventuele grafrovers nog
lastiger maken!

Na de toegangspoort komt er eerst een open gang, die kort of lang kan zijn, wat bepaald wordt door de steilte van de helling waarin het graf gelegen is. Een loodrechte helling vraagt om een slechts korte, soms zelfs nauwelijks aanwezige gang. Het graf van Sethi II is hiervan een voorbeeld. Dan volgt er een diepe trap omlaag – dit geldt alleen voor de graven uit de 18de dynastie die altijd verborgen werden – die voor het vervoer grote problemen moet hebben opgeleverd. Het is dan ook een verbetering als men voor het graf van Amenmesse op het slimme idee komt om een dubbele trap te maken met daar tussenin een glijvlak waarlangs men de slede met de zware mummiekisten omlaag

Onder: De hutten van de wachtpost
op de bergkam.

Geheel rechts: De ingang van het
graf van Siptah (1196-1190 v.C.;
nr. 47).

De kwaliteit van de onderaardse rotsmassa kon ook heel wat perikelen bezorgen. Was deze van fijnkorrelige harde kalksteen dan bofte men. Zulke steen leende zich tot het maken van zuivere constructies maar bood ook de mogelijkheid tot heel fijne reliëfs, zoals bijvoorbeeld in het graf van Sethi I. In zulke kalksteen konden echter onaangename stukken vuursteen (silex) voorkomen. Als die klein waren was dit geen punt, maar grote brokken zoals dat in de tombe van Merneptah moeten de grootste moeilijkheden hebben opgeleverd. In het genoemde geval waren er zelfs geen mogelijkheden om het brok te verwijderen en het zit er dus nóg.

De rots was ook vaak zacht en brokkelig, zodat er geen sprake kon zijn van reliëfs. Dan moest men zich tevredenstellen met pleisteren en daarna beschilderen, maar ook dat leidde tot mooie resultaten zoals bijvoorbeeld in het graf van Thoetmoses III, waar men zou kunnen denken dat de Franse schilder Bernard Buffet de lineaire figuurtjes heeft aangebracht die de menselijke figuur tot een minimum terugbrengen, nochtans met behoud van alle belangrijke details.

Reliëfs waren overigens eveneens beschilderd. Is dat hier en daar niet het geval, dan had de dood van de farao plaats toen het graf nog niet gereed was. In sommige graven valt dat duidelijk op. Daar kan men zien hoe de versiering tot stand kwam: eerst de schetsen op de gladde wand, dan de verbeteringen van de priesters, dan het al dan niet aanbrengen der reliëfs of het beschilderen der figuren. En soms bleek het zelfs nodig om kennelijk op het allerlaatste moment nog snel op een gepleisterde wand een voorstelling te schilderen die in het ritueel niet gemist kon worden, zodat die als enige kleurvlek in zo'n zaal te zien is.

De grote verschillen in de lengte der graven, zoals de reusachtige ruimte van Sethi I en het kleine graf van Toetanchamon, hebben de egyptologen ertoe gebracht om de lengte van de regering van de gestorven farao recht evenredig te stellen aan de grootte van het graf. Het is een verleidelijk idee, dat heel mooi klopt voor iemand als Toetanchamon. Ramses II kreeg wel een heel groot graf, maar bij lange na niet het allergrootste, al regeerde hij 67 jaar. Dat werd de tombe van de latere Ramses III, wiens graf niet minder dan 124 meter lang is. Ramses II moest het doen met 99 meter.

Een ander interessant punt vormt de wijze waarop bepaalde bijzonderheden bij de grafbouw worden ingevoerd en waarvoor beslist regels bestonden. Zo komt de geweldige schacht in het voorste gedeelte van het graf in zwang met Thoetmoses III en nog altijd is niet helemaal uitgemaakt of die er nu kwam om grafrovers te beletten om tot de grafkamer door te dringen (al zijn alle dieven er wel op een of andere wijze overheen gekomen), of voor een religieus doel zoals men kan veronderstellen bij het zien van de schacht met een mooie en zorgvuldige maar nimmer gereedgekomen beschildering in het graf van Horemheb. In ieder geval bleken die schachten soms wel erg praktisch om binnenstromend regenwater op te vangen en zo het achterste deel van het graf tegen waterschade te beschermen. De tombe van Sethi I had een enorme schacht, maar die werd door Belzoni met puin gevuld en sindsdien is er soms water in het graf geweest met alle gevolgen van dien.

In de 17de dynastie (toen de Vallei dus nog niet in gebruik was) stelde een farao zich tevreden met een paar vertrekken; in de 18de komt men toch al gauw tot een half dozijn vertrekken en de grafkamer wordt steeds verder naar achteren geplaatst. De zaal met de sarcofaag, die het graf zijn bestaansrecht geeft en dus de belangrijkste is, wordt steeds groter en mooier en in drie gevallen heeft deze een afwijkende vorm. Dan is het geen rechthoekige zaal, maar heeft hij de ovale vorm van de cartouche die de koninklijke naam immer omsluit. Amenhotep II voerde twee zuilen in zijn grafkamer in, later worden dit twee rijen van drie zuilen met een vierkante doorsnede, terwijl er achter deze zaal een soort crypte ligt die steeds groter wordt en bij Sethi I is uitgegroeid tot een groot gewelf. Amenhotep III wenste in zijn graf een uitholling voor zijn canopen en Merneptah begon als eerste een uitbreiding der kamers ter hoogte van de sarcofaagzaal. Thoetmoses III voerde in om de doorgang over de put plus de muur die deze afsloot van de rest van het graf, egaal af te pleisteren en met Echnaton komt er een einde aan cursieve schilderingen. In het graf van Horemheb komen voor het eerst reliëfs voor.

Ook bij de sarcofagen heeft men met een zekere 'mode' te maken. Er zijn sarcofagen met gladde of min of meer met reliëfs versierde deksels, maar er zijn er ook die de vorm hebben van een liggende mummie, de zogenaamde antropomorfe sarcofagen. Ramses VI gebruikt geen echte – dus losse – sarcofaag meer, maar schept de gewoonte van een soort inbouw-sarcofaag, een grote rechthoekige kuil in de grond met daarop een immens deksel dat niet in beweging te brengen lijkt. Toch is deze door energieke grafrovers aan kleine stukjes geslagen. De oude naam voor de sarcofaagkamer, 'Huis van Goud', maakt wel duidelijk dat het een verleidelijk berovingsobject was.

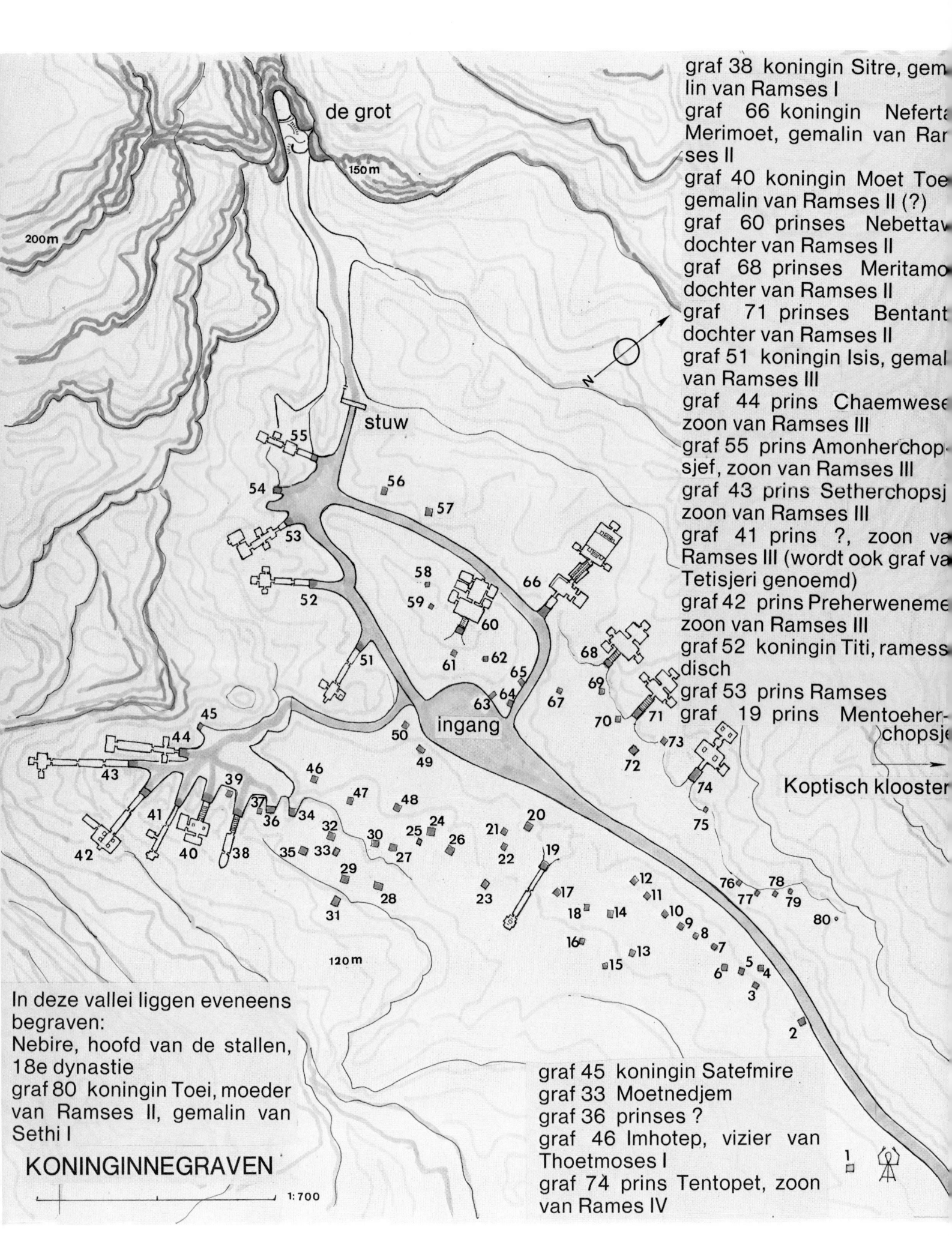

de grot

150 m

200 m

stuw

N

graf 38 koningin Sitre, gem
lin van Ramses I
graf 66 koningin Neferta
Merimoet, gemalin van Ra
ses II
graf 40 koningin Moet Toe
gemalin van Ramses II (?)
graf 60 prinses Nebettaw
dochter van Ramses II
graf 68 prinses Meritamo
dochter van Ramses II
graf 71 prinses Bentant
dochter van Ramses II
graf 51 koningin Isis, gemal
van Ramses III
graf 44 prins Chaemwese
zoon van Ramses III
graf 55 prins Amonherchopsjef, zoon van Ramses III
graf 43 prins Setherchopsj
zoon van Ramses III
graf 41 prins ?, zoon va
Ramses III (wordt ook graf va
Tetisjeri genoemd)
graf 42 prins Preherweneme
zoon van Ramses III
graf 52 koningin Titi, ramess
disch
graf 53 prins Ramses
graf 19 prins Mentoeher-
chopsje

Koptisch klooster

ingang

120 m

In deze vallei liggen eveneens
begraven:
Nebire, hoofd van de stallen,
18e dynastie
graf 80 koningin Toei, moeder
van Ramses II, gemalin van
Sethi I

KONINGINNEGRAVEN

1 : 700

graf 45 koningin Satefmire
graf 33 Moetnedjem
graf 36 prinses ?
graf 46 Imhotep, vizier van
Thoetmoses I
graf 74 prins Tentopet, zoon
van Rames IV

De Plaats van de Schoonheid

Tegenwoordig heet het dal *Biban el-Harim*, de Vallei van de Vrouwen. De oude naam is poëtischer en veelzeggender: *Ta set neferoe*, de Plaats van de Schoonheid. Het is het ondiepe maar heel mooie keteldal, omgeven door steile en vaak loodrechte rotsen die tot ruim tweehonderd meter opstijgen, waarin sinds de achttiende dynastie personen uit de koninklijke familie werden begraven, en vanaf de negentiende dynastie de grote gemalinnen van de farao's samen met hun zonen en dochters. Dit verklaart waarom er betrekkelijk veel graven van Ramessidische koninklijke personen te vinden zijn, al werd deze vallei ook al in de zeventiende dynastie gebruikt voor ondere anderen prinses Ahmose, een dochter van farao Sekenenre (omstreeks 1570 v. Chr.), terwijl er zich ook het graf bevindt van een prins met dezelfde naam Ahmose.

Deze Vallei der Koninginnen ligt ongeveer twee kilometer achter de dodentempel van Ramses III, Medinet Haboe. Het is een vrij kort dal en evenals overal elders werd ook hier de bodem van het dal verhoogd door massa's puin, eerst afkomstig van de uitgehakte graven, maar later ook aangevoerd voor het verhogen en comfortabel maken van de wandelweg die langs de diverse tombes voert.

Verreweg het mooiste, indrukwekkendste en meest interessante deel van dit dal is, afgezien van de vorstelijke graven, de achterwand waar een reusachtige waterval omlaag kan donderen wanneer hier net als in de Vallei der Koningen het water van geweldige stortbuien op de hoogvlakten zich een weg omlaag baant. Dat dit water geregeld gevloeid heeft blijkt duidelijk uit de wanden van de vallei. Het wordt historisch bevestigd door een paar graffiti helemaal boven bij de waterval. De eerste vermeldt de regenbui die plaats had in het tweeënzestigste regeringsjaar van Ramses II en de andere uit het derde of vierde regeringsjaar van Merneptah.

Het met de waterval neerkomende water kon natuurlijk grote schade berokkenen aan de diepliggende graven en daarom werd er een keurig waterbouwkundig werk aangelegd waarvan de nog respectabele sporen duidelijk te zien zijn als men omhoog klautert tot aan de grot (zonder zoldering) die het einde van de kloof vormt. De grot heeft als achterwand de door het water gladgepolijste vertikale wand waar het water langs gutste. Vanaf dit hoge standpunt kan men duidelijk de drie bekkens onderscheiden, gevormd door stevige, van stenen opgebouwde dammen die het water in zijn snelheid belemmerde. Ook werden de zijwanden van de kloof hier en daar bijgekapt tot gladde vlakken, waarlangs het water gemakkelijk een weg kon vinden. De bodems van alle drie de bekkens zijn bedekt met fijn wit zand. De beste en sterkste dam ligt onderlangs het derde bekken en is duidelijk te onderscheiden.

De Vallei der Koninginnen is nog oppervlakkiger onderzocht dan die van de koningsgraven. Er is gebleken dat de Grieken er al geweest zijn, maar het aantal Europeanen in vroeger tijd was gering. Dat is nu natuurlijk veranderd, doch vergeleken bij de koningsgraven worden de tombes der koninginnen en prinsen heel wat minder bezocht. Champollion constateerde dat er zestien graven waren; Lepsius vond er later maar vijftien, waarvan minstens vijf van koninginnen. We weten nu dat er zeker eenenveertig graven liggen, maar het is heel goed mogelijk dat er een aantal nog niet terug gevonden is.

Degenen die de vallei uitzochten voor de aanleg van koninklijke graven wisten wat ze deden want de bodemgesteldheid leende er zich goed voor. De steenlagen van de hellingen liggen bovenop een harde rotslaag waarin zich veel brokken vuursteen bevinden. In deze laag werden de tombes uitgehakt en omdat deze nooit erg groot waren moet het werk er sneller gereed zijn gekomen dan bij de koningsgraven. De vorm van de graven is ook veel eenvoudiger al zijn de schilderingen op de wanden vaak heel mooi. De graven hebben een 'Ramessidisch' model: ze lopen recht toe recht aan. Er is een voorzaal en een grafkamer, verbonden door een gang. In de voorzaal staan zelden pijlers, in de grafkamer veel vaker. De wanden zijn witgepleisterd en daarop zijn fijne reliëfs aangebracht die met frisse kleuren beschilderd zijn. Het graf van Nefertari is hier een prachtig voorbeeld van, al verkeert dat nu helaas in zo slechte toestand dat het voor bezoek gesloten moest worden.

Links: Plattegrond van de Vallei der Koninginnen. Van de tachtig meer of minder diepe holen in de rotsbodem zijn er slechts eenenveertig duidelijk als graven herkenbaar.

Boven: De Vallei der Koninginnen.
De ruïne rechts is het restant van
een Koptisch klooster uit de 7de
eeuw, Deir el-Roemi. Dit werd
gebouwd boven een veel ouder graf.
De rechthoekige kloof midden ach-
teraan is de 'waterval'.

Boven: De Vallei der Koninginnen. ▷

Onder: De 'Grot van de Stilte', een ▷
heiligdom gewijd aan de goden
Ptah en Meresger. Het pad loopt
links naar Deir el-Medina en rechts
naar de Vallei der Koninginnen.

Links: Ingang van het graf van prinses, later koningin Bentanta, dochter en gemalin van Ramses II; graf nr. 71 in de Vallei der Koninginnen.

Rechtsboven: Ingang van het graf van prinses Meritamon, een dochter van Ramses II; graf nr. 68 in de Vallei der Koninginnen.

Rechtsonder: Ingang van het graf van koningin Nefertari-Merenmoet, de Grote Gemalin van Ramses II; graf nr. 66 in de Vallei der Koninginnen.

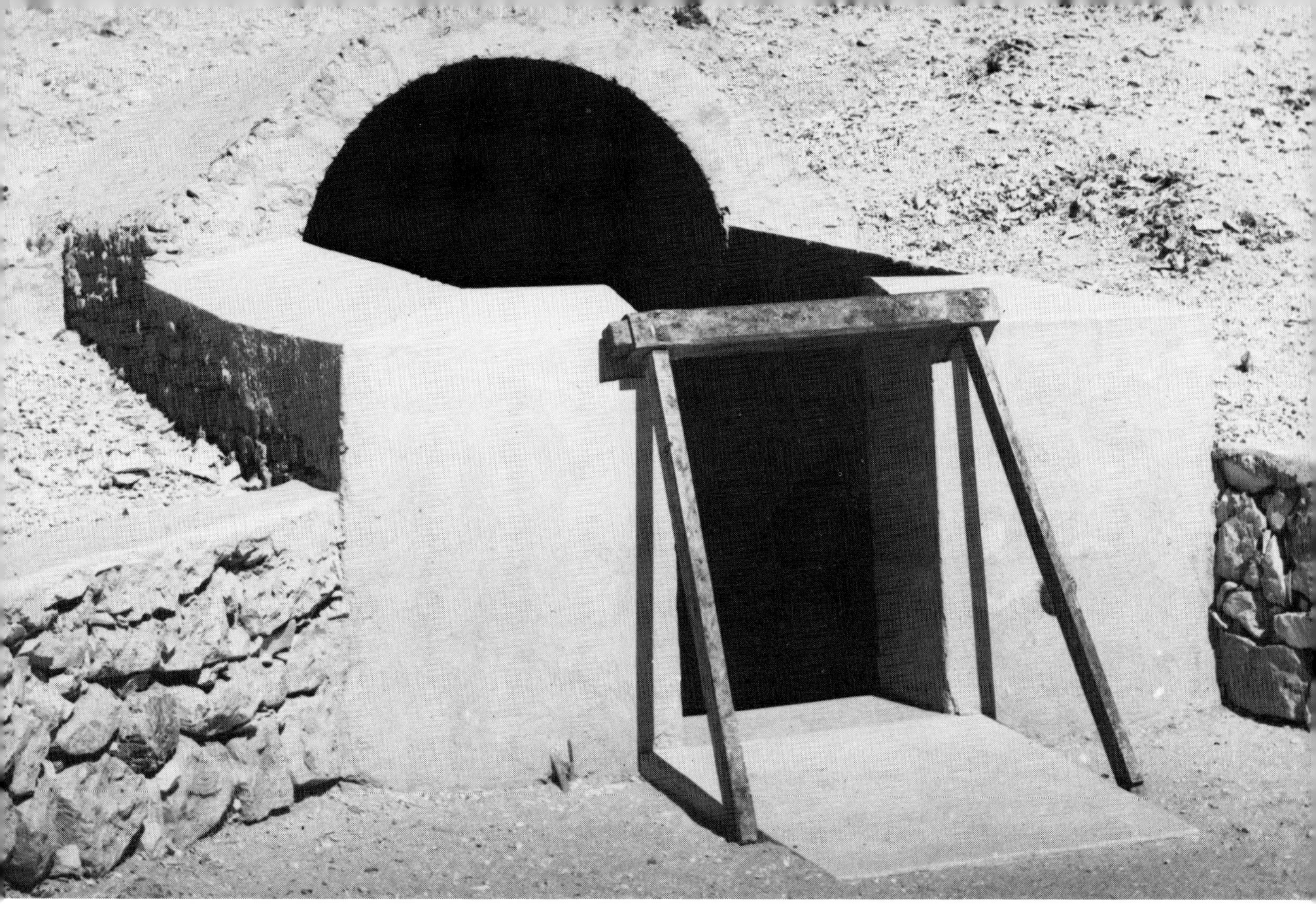

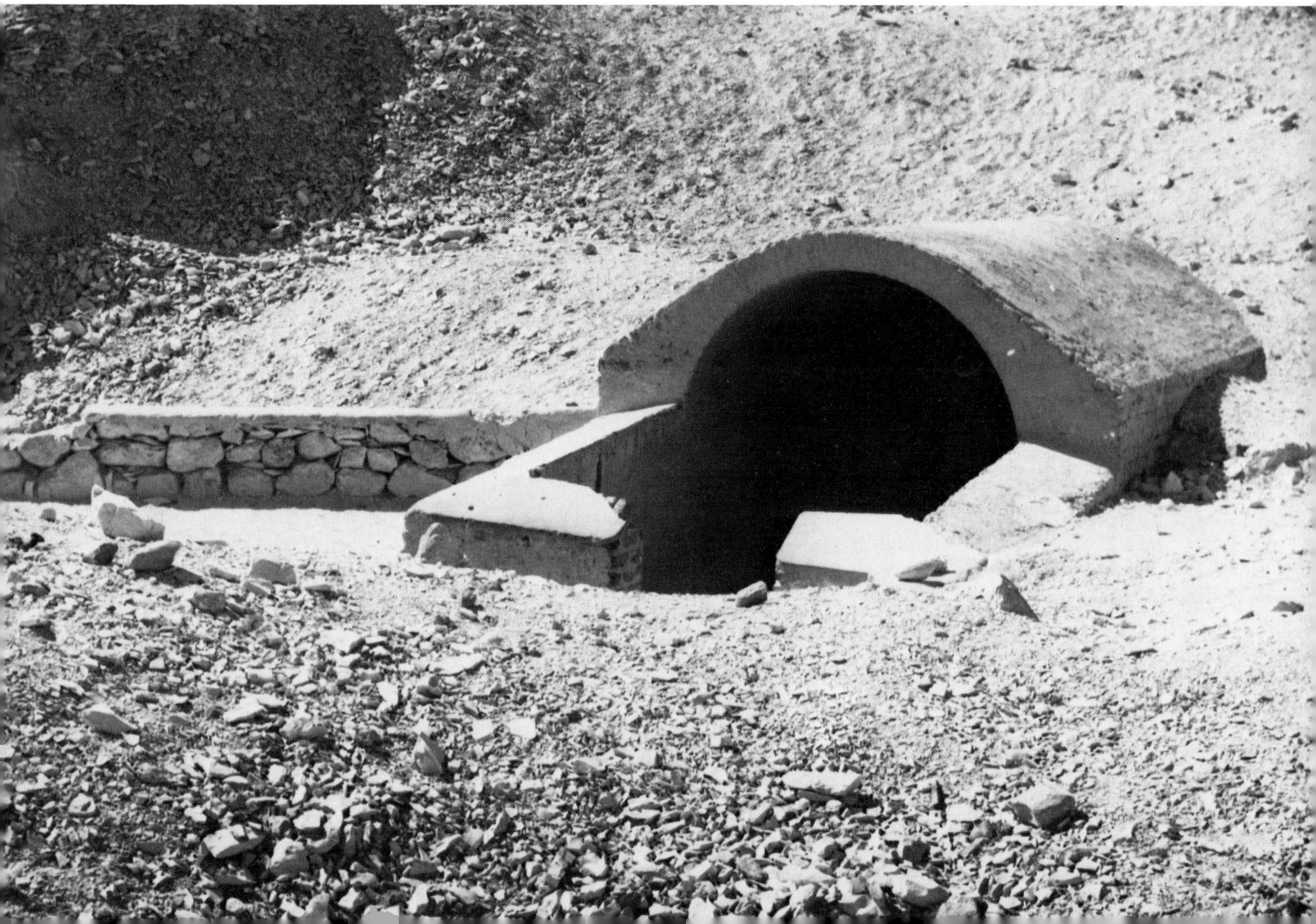

Boven: Kijk in het graf van prins
Amonherchopsjef (nr. 55 in de
Vallei der Koninginnen). Achterin
staat de roodgranieten sarcofaag.

Onder: Wandschildering in het
graf van prins Amonherchopsjef,
voorstellende farao Ramses III
(zijn vader) met de godin Isis.

Wandschildering in het graf van
prins Chaemweset (nr. 44 in de
Vallei der Koninginnen), een zoon
van Ramses III; voorstellende de
godinnen Nephthys en Selket.

De 'Waterval'. Het einde van de Vallei der Koninginnen wordt afgesloten door een kloof waar op meer-dere plaatsen stenen dammen waren aangelegd om in ruime bekkens het (zelden) stromende water van de waterval op te vangen.

*Het zuidelijke deel van de Vallei
der Koningsgraven laat nog enigszins zien hoe moeilijk het zoeken*

*voor de opgravers altijd is geweest.
Waar begint men te graven!*

Boven: Wandschildering in het
graf van koningin Nefertari (nr.
66 in de Vallei der Koninginnen),
de gemalin van Ramses II. Dit
portret bevindt zich op de westelijke
wand van de bovenste zijkamer.
De koningin draagt de gierekap
met struisveren. Haar sieraden
bestaan uit een brede gouden kraag
en elegante oorhangers. Opvallend
is haar zware make-up, te zien aan
de rouge op haar wangen.

Onder: Wandschildering in het
graf van koningin Nefertari, voorstellende een van de wachters uit
de 'onderwereldboeken', een boos-
aardige figuur, 'de machtige met
het mes' genaamd.

De man wiens naam verbonden is aan een behoorlijk aantal uitgeruimde koninklijke graven is de Italiaan E. Schiaparelli, die er werkte tussen 1903 en 1905. In 1904 ontdekte hij de tombe van koningin Nefertari, die met het graf van Moet Toei tot de grootste behoort. Maar ook Schiaparelli deed zijn werk snel en oppervlakkig en daardoor weten we helaas veel te weinig van deze toch belangrijke monumenten.

Dat men eerst in de negentiende dynastie kan spreken over een vallei met koninginnegraven valt te verklaren uit het feit dat de koninklijke gemalinnen van de achttiende dynastie vaak bij hun echtgenoot werden bijgezet. Koningin Sitra, de gemalin van Ramses I en moeder van Sethi I, vond haar laatste rustplaats in de nieuwe vallei, evenals koningin Toei, echtgenote van Sethi I en moeder van Ramses II, en ook Nefertari, de vrouw van Ramses II.

Nu weten we heel weinig van Nefertari af. Maar er bestaan mogelijkheden om via een aantal gevolgtrekkingen haar positie wat duidelijker te maken. Ze was in ieder geval geen koningsdochter, maar wel stamde ze uit een Thebaanse adellijke familie. Haar naam, die ze aannam bij het huwelijk met de koning, vertelt ook al een heleboel. Ze heette voortaan *Nefertari Merit Moet*: de door Moet geliefde Nefertari. De godin Moet was de gemalin van Amon en de moeder van de maangod Chonsoe. Ze werd beschouwd als de beschermgodin van Boven-Egypte. Hier zien we dus duidelijk een verbinding met Amon. Daar komt nog bij dat de naam Nefertari geen echte naam is, maar een eervolle bijnaam die men zou kunnen omschrijven met 'de schoonste van allen' of 'de beste van allen'. Met het aannemen van de naam Nefertari Merit Moet stelde de jonge koningin – die mogelijk door de Thebaanse priesters van Amon voor deze positie was uitgezocht – een politieke daad van het grootste belang, want in Egypte was de naam van een persoon heel wat belangrijker dan bij ons. De naam was om zo te zeggen het wezen van een persoon en door het geven van een bepaalde naam meende men iemands karaktereigenschappen te kunnen bepalen.

Ook de koningsnaam werd nooit zomaar gegeven. Met de naam waaronder een farao de troon besteeg stelde hij reeds een regeringsprogramma op en een theologische verklaring. Met de aanneming van haar naam volgde de koningin dit patroon en moest zij de zaak van Thebe verplicht tot de hare maken. Drie dochters van Ramses II en Nefertari werden eveneens begraven in de vallei. Het zijn Nebettawi en Meritamon, alsmede Bentanta, die de lievelingsdochter van de farao geweest zou zijn en die hij later mogelijk huwde.

Ook vele prinsen van de koninklijke familie vonden hun laatste rustplaats in de vallei. Vier ervan waren zonen van koningin Isis, de gemalin van Ramses III, onder wie Preherwenemef, Sethherchopsjef, Chaemweset en Amonherchopsjef. Vooral het graf van de laatste prins heeft iets tragisch. Het is een prachtig graf met kleurige reliëfs in uitstekende toestand. Maar de prins was nog een kleine jongen toen hij stierf. Hij wordt afgebeeld met een rijk versierde jeugdlok. Aan de hand van zijn vader wordt hij het hiernamaals ingevoerd. Merkwaardig is dat in de grafkamer het geraamte ligt van een zesdemaandskind. Van wie het afkomstig is weet niemand. Of was dit misschien Amonherchopsjef? . . .

De meeste graven in de Plaats van de Schoonheid zijn niet veel meer dan lege ruimten, beroofd en leeggehaald van alles wat er eens in lag. Sommige ervan zijn van binnen zwart geblakerd doordat ze veel later gebruikt werden als onderkomens. Opvallender dan in de Vallei der Koningen ziet men hier de betrekkelijkheid van wat als een veilige laatste rustplaats werd beschouwd. En slechts in enkele leeft diep onder de grond de kleurige wereld van het oude Egypte nog voort.

Zonder grafroof geen musea

In Egypte lagen vele schatkamers van de oudheid onder de grond. Het was natuurlijk niet de bedoeling dat de inhoud ooit weer het daglicht zou zien, al kon men uit zure ervaring op dit punt toch maar weinig hoop koesteren. De schatkamers werden met zorg en soms liefde voorzien van wat men in het hiernamaals nodig zou hebben, en verzegelde deuren, dichtgestorte gangen en verborgen toegangen moesten helpen de schatten veilig te bewaren.

De grootste conglomeratie van schatkamers moet de Vallei der Koningen zijn geweest en als we afgaan op wat een vrij onbelangrijke farao als Toetanchamon en de koninklijke schoonouders Joeya en Toeya mee in hun tombe namen, moet de hoeveelheid verborgen goud immens groot zijn geweest. Geen wonder dat deze vallei zo'n aantrekkingskracht uitoefende. Grafrovers zijn er altijd bezig geweest met meer of minder geluk. En wat moeten we denken van de archeologen die ook al onder de grond doken? Grafrovers of niet? Ze haalden ongetwijfeld een gevonden graf grondig leeg, niet voor eigen gewin maar voor de musea en voor de uitbreiding van de kennis betreffende het oude Egypte. Zonder die opgravingen zou onze kennis van de farao's en hun rijk bepaald geringer zijn geweest. Moeten we de op eigen voordeel beluste en de wetenschappelijke grafrovers dus dankbaar zijn? Een lastige vraag, maar het antwoord zal toch wel 'ja' moeten luiden.

Hoeveel goud die antieke grafrovers buitmaakten is niet te besommen, maar het moet heel wat zijn geweest. Wat ze met al dat goud deden spreekt wel voor zichzelf. Ze smolten het als ze verstandig waren snel om en wisten daarmee vele sporen uit. Niet alleen goud, ook zilver en electrum, koper en brons, Afrikaanse houtsoorten en de mooiste weefsels, kostbare oliën en zalven, wijn en bier, sierstenen als turkoois, lapis lazuli en alle soorten jaspis en chalcedoon waren aantrekkelijk genoeg om mee te nemen.

Bepaald navrant doet een tekst aan die ook op moderne grafbezoekers zou kunnen slaan, al kunnen die hem helaas meestal niet lezen: 'Alle mensen, alle schrijvers, alle geleerden, alle burgers en boeren die luid zullen spreken in dit graf, die de teksten zullen beschadigen, die de beelden zullen stukslaan, stellen zich bloot aan de woede van Thot . . . Wie echter dit graf op eerbiedige wijze bezoekt zal een grijsaard worden en alle zegeningen ontvangen'.

De grond in westelijk Thebe moet de schatgravers een paradijs hebben toegeschenen, een paradijs waar je met schop en hak en een paar stevige koevoeten een aardig kapitaal bij elkaar kon graaien. Een dergelijk geluk viel zo'n 3200 jaar geleden een oppermetselaar en zijn bende ten deel toen ze zich een weg wisten te banen naar de grafkamer van farao Sebekhotep en zijn vrouw. Uit dat graf haalden ze niet minder dan 160 deben goud (14,5 kilo) die verdeeld werden over de acht mannen van de bende en de schipper die hen over de Nijl naar de veilige overkant moest brengen. Door verraad werden ze uiteindelijk gepakt en de aanvoerder werd eerst duchtig afgerost en daarna naar de 'schrijver van de kade' gebracht die hem moest verhoren. Wat een geluk dat de oppermetselaar nog steeds twintig deben goud op zak had . . . De bouwvakker keerde als vrij man terug naar huis en ging verder met plunderen, wat uiteindelijk toch tot zijn nieuwe arrestatie en verdiende straf leidde.

Het goud dat deze boeven stalen is natuurlijk nooit in een museum terecht gekomen. Dat gebeurde wel met vele schatten die in modernere tijden bijeen werden gegaard. Het graf van Joeya en Toeya werd op officiële wijze geledigd. In 1905 ging dat wel anders dan het nu zou gebeuren. Toen Theodore Davis op 6 februari van dat jaar de eerste trede van de omlaag voerende trap van dit graf ontdekte, kon hij niet weten wat hem te wachten stond. Op 12 februari kwam de deur naar de gang te voorschijn, maar toen beval de directeur van de Oudheidkundige Dienst Maspero de tombe onmiddellijk te openen omdat de volgende dag de hertog van Connaught en zijn reisgezelschap de vallei zouden bezoeken. Er werd dus een gat gemaakt in de eerste deur en een dun jongetje werd door dat gat gewerkt. Hij kwam terug met een wandelstok, een juk en een scarabee die met bladgoud belegd waren. De vreugde was groot, vooral daar men dacht met massief gouden voorwerpen te maken te hebben. Dat viel tegen toen men de

Houten beeldje, met bladgoud overtrokken, van Toetanchamon. De koning draagt de rode kroon van
Beneden-Egypte met de uraeus, de goddelijke cobra boven het voorhoofd. De ingelegde ogen zijn van
brons, zwart glas en albast. Museum te Cairo (foto: Dick Wolters).

43

Ahmed Abd el Rasoel ontdekte
omstreeks 1871 de Cachette en wist
deze waarlijk koninklijke vondst
ten voordele van zijn familie uit te
buiten en geheim te houden, totdat
de autoriteiten tien jaar later de
grafrovers toch achter slot en gren-
del kregen.

Sjeik Ali Abd el Rasoel werd omstreeks 1960 beroemd door zijn
uitgravingen in de 'geheime gang'
van het graf van Sethi I (nr. 17).
Hier staat hij (rechts) met enkele
hulpen in de sarcofaagzaal.

voorwerpen in het daglicht bekeek. Op dezelfde wijze moet de rover op zijn neus hebben gekeken die kort na de bijzetting van Joeya – Toeya was hem reeds in het graf voorgegaan – een gat boven in de dichtgemetselde deur had gemaakt en in de tombe was doorgedrongen. Toen Davis in het graf kwam stond er nog de bak met verdroogde klei en de stok waarmee de grafrover het gat had dichtgeplempt en glad afgestreken. Die rover moet overigens precies hebben geweten wat en waar hij moest zoeken. Hij maakte zijn sluipgaten hoog boven in de muren waar ze na dichtmaken niet meer zouden opvallen en hij zocht zorgvuldig naar kostbaarheden. Ook hij zal bij het verlaten van het graf pas hebben gemerkt merendeels vergulde voorwerpen te hebben gestolen. Hij haalde de deksels van de mummiekisten en dat alleen al was een heel werk want Joeya lag in vier enorm grote houten kisten en Toeya in drie. Hij liet de mummies met rust maar krabbelde wel tussen de windsels rond naar kostbaarheden, waarbij hij echter de scarabeeën en amuletten over het oog zag, evenals de grote gouden plaat die de incisie in Joeya's lichaam bedekte. Bovendien vertoonde hij nog een sympathiek trekje. Toen Toeya door Davis werd gevonden lag er over haar mummie een door die rover uitgespreide doek. Was de anonieme dief zo onder de indruk geraakt van de waardige schoonheid van deze vrouwenmummie? We kunnen er slechts naar gissen.

Toen Davis, Maspero en de egyptoloog Weigall de 7 meter diepe trap waren afgedaald stonden ze voor een tweede dichtgemetselde deur aan het einde van een 9 meter lange gang. Ook hier was bovenin een gat te zien. Dit gat was te klein voor de wat corpulente Maspero om er 'zonder kneuzingen' doorheen te kruipen en snel werd toen met de handen de muur afgebroken tot er een aanzienlijk groter gat was ontstaan. Door dit gat zagen ze goud glinsteren wáár ze ook keken. Met 'behoorlijk wat moeite' wurmde Maspero zich als eerste naar binnen, liet zich twee kaarsen geven en liep snel naar de grote zwart met gouden sarcofaag. Bij het zwakke licht zocht hij naar een naam toen Davis die hem gevolgd was de kaarsen uit zijn hand rukte. De mummiekist was overdekt met het uiterst brandbare bitumen dat men er vaak over uitgoot. Als dat bitumen vlam had gevat door de er vlakbij gehouden kaarsen van Maspero zou de ellende niet te overzien zijn geweest, want heel het graf was gevuld met brandbare tere voorwerpen en ze zouden het er nooit levend hebben afgebracht omdat het omhoog klimmen door gang en trap zeker zestien minuten zou hebben gevergd . . .

De vondsten in dit graf bleken schitterend te zijn. Over Joeya's gelaat lag een indrukwekkend masker van met bladgoud overtrokken gemodelleerd linnen. De oogleden en wenkbrauwen waren van lapis lazuli. Het wonderlijkste was dat de dunne linnen sluier die over het masker gelegd was in de loop van al die eeuwen totaal was verkoold door natuurlijke oorzaken, zodat het goud nu door een zwarte waas schemerde.

Joeya en Toeya waren de schoonouders van farao Amenhotep III en grootouders van Echnaton, Smenchkare en Toetanchamon. Hun dochter Teje huwde in de beginjaren van zijn regering met de jeugdige Amenhotep, waarop Joeya de erenaam Vader van de God kreeg. Verder was hij bevelhebber van het strijdwagenkorps van de farao, en opperstalmeester, waaraan hij wel het prachtige, helaas door de rover vernielde rijtuig (nu weer fraai gerestaureerd) te danken zal hebben gehad. Toeya droeg de mooie titel 'koninklijk sieraad', wat zoveel betekende als hofdame.

De voorwerpen uit hun kleine graf in een zijdal van de Vallei der Koningsgraven staan nu uitgestald in het Museum van Cairo.

Over het goud van Toetanchamon is reeds zoveel gepubliceerd dat we er niet meer over hoeven uit te wijden. Ook deze schat, die nog oneindig rijker is dan die van Joeya en Toeya, staat in een der schatkamers van het museum uitgestald. Heel het gouden 'nest' waarin de jonge farao werd bijgezet – de mummiekisten, het masker (dat in het graf op de mummie ligt), de reusachtige gouden schrijnen die zo nauw in elkaar pasten dat men die slechts met de grootste moeite heeft kunnen manipuleren in het nauwe graf – moeten Carter en zijn medewerkers met stomheid hebben geslagen. Dankzij hun 'grafroof' kunnen nu miljoenen mensen deze schatten zien en bewonderen.

Zij die vanaf de negentiende eeuw aanvankelijk het meeste hebben geprofiteerd van de schatten onder de grond waren de inwoners van het dorp Qoernah, die zich er nogal eens op beroemen dat ze regelrecht afstammen van de oude grafrovers uit de tijd der farao's. In ieder geval waren ze even handig in het leeghalen van tomben. Hun huizen bouwden ze vaak bovenop de graven der edelen en de inhoud hiervan verdween naar wie er maar voor betalen wilde. Scarabeeën en amuletten, oesjebti's en prachtige sieraden, papyri, beelden en reliëfs van de grafwanden vonden hun weg naar Luxor, waar de verzamelaars van de hele wereld ze kwamen kopen voor musea en privé-collecties. Ook de sinds 1860 in steeds groteren getale in Egypte rondreizende rijke toeristen behoorden tot de goede afnemers van de grafschatten, die natuurlijk in het diepste geheim werden aangeboden.

De meest befaamde van alle grafrovers uit de negentiende eeuw was ongetwijfeld Achmed Abd el-Rasoel die tussen 1871 en 1881 een schatvondst leegverkocht, welke sindsdien bekend is geworden als de Cachette. Deze Cachette was niets anders dan het graf van koningin Inhapi waarin de priesters ten tijde van farao Herihor (ca 1080 v. Chr.) de beroofde en geschonden koninklijke mummies, provisorisch hersteld en opnieuw in mummiekisten geplaatst, hadden geborgen. Achmed moet door stom toeval deze vondst hebben gedaan. De verhalen zijn nogal gevarieerd, maar naar men aanneemt zocht en vond hij een verdwaalde jonge geit op de bodem van de diepe put. Hij klauterde omlaag om het dier te redden toen hij ineens allerlei antieke voorwerpen of stukken ervan zag liggen. Als goed Qoernees begon hij meteen met zijn handen te graven en daarbij vond hij in de westelijke wand van de 12 meter diepe schacht de omtrek van een dichtgemetselde deur.

Net als Maspero en Carter later maakte Achmed een gat in de muur en loerde naar binnen. Bij het vale, naar binnen vallende licht zag hij daar een opeenstapeling van mummiekisten, beelden en andere kostbaarheden. Begrijpend dat hij in zijn eentje nooit iets zou kunnen bergen klom hij uit de schacht – een waar heldenfeit als men zelf die schacht heeft gezien! – en betrok zijn broer Mohammed in het geheim. Ook zijn eigen zoon mocht meehelpen met de berging der voorwerpen. Daarna hielden ze zich een paar maanden stil om geen opzien te baren. Toen ze de tijd daarvoor rijp achtten, borgen ze een aantal voorwerpen in manden met groente en onder hun wijde *galabiya's*, staken de Nijl over en begonnen hun profijtelijke handel. Tien jaar lang gingen ze op deze wijze te werk en ze waren wel zo verstandig om hun hebzucht te beheersen en niet al te vaak naar hun privé-schathuis in het koninginnegraf te gaan voor nieuwe voorraad.

In Luxor hadden ze hun vaste afnemer, de Turk Moestafa Agha Ayat, die consul was voor Engeland, België en Rusland en daardoor diplomatieke onschendbaarheid bezat. Hij kon de van de Rasoels gekochte schatten veilig vervoeren zonder dat er ooit iemand in de kisten keek. Maar aan één ding had hij weinig aandacht geschonken: het feit dat vrijwel al die voorwerpen afkomstig waren uit koninklijke graven die totaal onbekend waren. Dit moest opvallen en natuurlijk werd er ook het nodige gekletst in het dorp. Zo kwam de Oudheidkundige Dienst van Egypte er achter dat er iets mis moest zijn in Luxor. Maspero concludeerde dat er een geweldige vondst was gedaan in Qoernah en gaf de politie van Luxor opdracht scherp uit te kijken. Dit alles gebeurde in 1881 en daarmee kwam er een einde aan het geluk der Rasoels. Een staflid van Maspero ging vermomd als toerist naar Luxor en knoopte er relaties aan met Moestafa en de Rasoels. Op 4 april leidde dat tot de arrestatie van de Rasoels. Moestafa ging vrijuit vanwege zijn diplomatieke onschendbaarheid! De huizen der Rasoels werden grondig doorzocht, maar daar vond men natuurlijk niets. Toen bracht men hen naar de stad Kena voor de ondervraging en die was bepaald geen haar vriendelijker dan in de tijd der farao's. Er werd ondervraagd 'met de stok' maar ook met een 'gloeiende pot' die over hun hoofd werd gestulpt. Succes had dit alles aanvankelijk niet want alle als getuigen gedagvaarde Qoernezen logen dat het gedrukt stond en men moest de twee broers weer loslaten op hún getuigenverklaringen. Toen ze weer in hun huizen in Qoernah zaten gebeurde het onvermijdelijke: de twee broers kregen ruzie. Achmed had volgens zijn eigen zeggen zo'n pijn geleden tijdens de verhoren dat hij minstens de helft van de opbrengsten zou moeten hebben en niet het vijfde deel zoals afgesproken was toen vijf familieleden bij het bedrijf betrokken raakten. Achmed had een harde stem en zijn familie was niet de enige die van de ruzie hoorde. IJverige of jaloerse buren brachten het nieuws van de ruzie naar de Oudheidkundige Dienst. Toen Mohammed hiervan hoorde ging hij ijlings naar Kena en biechtte alles op nadat hem vrijheid van straf was beloofd. Op 6 juli 1881 bracht hij een groep mannen naar de Cachette onder leiding van de Duitse egyptoloog Emil Brugsch. Deze laatste liet zich aan een touw in de schacht zakken en ging op onderzoek uit. Het overtrof zijn stoutste verwachtingen! Want daar las hij op de op elkaar gestapelde sarcofagen de namen van Ramses II, Amenhotep I, Thoetmoses II en andere koninklijke familieleden. De hele gang van drie meter breed en zeventig meter lang stond volgestouwd met schatten: mummiekisten, canopen van albast met koningsnamen, bronzen vaatwerk, oesjebti's, houten schrijnen, beeldjes. Brugsch besefte dat hij maar één ding kon doen: alles zo snel mogelijk uit het graf halen en naar Cairo brengen waar het redelijk veilig zou zijn. Diezelfde dag nog huurde hij driehonderd arbeiders en men begon met het moeilijke werk om de vaak reusachtige grote mummiekisten en de andere voorwerpen uit het graf te hijsen, naar de Nijl te vervoeren – een afstand van ongeveer zes km – en aan boord te brengen van een gouvernementsschip. Twee dagen later was de eerste lading al op weg naar Cairo.

En toen gebeurde wat niemand had kunnen verwachten, Egypte treurde om haar koningen die na drieduizend jaar rust in westelijk Thebe nu vertrokken naar de nieuwe hoofdstad van het land. Waar de boot met de bizarre lading langs een dorp of stad voer, stroomde heel de bevolking uit en begon een rouwklacht zoals in geen eeuwen meer was voorgekomen. De vrouwen rukten zich de haren uit en gilden hartverscheurend. De mannen schoten hun geweren af – dat was dan wel nieuw – en schreeuwden mee. Geen farao had zich een indrukwekkender rouwbetoon kunnen

Ten zuidwesten van de Vallei der Koninginnen werd in 1916 het graf gevonden van drie Syrische prinsessen. Dit graf werd leeggeroofd door de inwoners van Qoer- *nah. De prinsessen waren bijvrouwen van Thoetmoses III (1504-1450 v.C.). Op deze foto een der gereconstrueerde pruikversierselen van één van de prinsessen, vervaar-* *digd van goud, ingelegd met halfedelstenen en glaspasta. Louvre, Parijs.*

wensen. De tocht eindigde in het Museum van Cairo, waar de meeste koningsmummies nu in de befaamde Mummy-Room tegen betaling zijn te bezichtigen.

In 1898 deed de Franse archeoloog Victor Loret een indrukwekkende vondst toen hij het door hem ontdekte graf van Amenhotep II begon uit te graven. In een diepgelegen vertrek vond hij niet minder dan negen mummiekisten met inhoud. In de kisten lagen onder andere de farao's Amenhotep II en III, Thoetmoses IV, Merneptah, Siptah en Sethi I. In een ander vertrek lagen nog eens drie mummies waaronder die van een vrouw (nu geïdentificeerd als koningin Teje, gemalin van Amenhotep III). Ook was er een kindermummie 'met een prachtige jeugdlok'.

Loret vond de vondst geen onverdeeld genoegen. Hij kreeg namelijk de schrik van zijn leven toen hij op een houten

De oostelijke bergwand van de Westvallei; deze bergen vormen de scheiding met de Vallei der Koningen (de Oostvallei). In het midden de ingang tot het graf van Amenhotep III (1386-1349 v.C.; nr. 22).

Rechtsboven: De Westvallei gezien vanaf de ingang.

Rechtsonder: Eén van de stenen dammen die in de Vallei der Koninginnen het op gezette tijden woest stromende water uit de wadi's moesten keren.

49

scheepsmodel een zwarte mummie zag die hem 'lag aan te staren'. Het was geen aangename mummie om naar te kijken want er zat een groot gat in de borst en een in de schedel. Geen wonder dat men eerst meende met een geofferd mens te maken te hebben (we weten nu dat dat nooit voorkwam); later hield men het op een door de faraonische politie betrapte en doodgeslagen grafrover of een van zijn helpers. Tegenwoordig zijn we wat nuchterder met het veronderstellen: de mummie wordt nu beschreven als 'niet-geïdentificeerde mummie'. Naast een andere manne-mummie met kaalgeschoren hoofd lag zijn pruik en Loret vond dat 'tegelijkertijd gruwelijk en komisch'.

De koningsmummies bevonden zich in een kamer achter een dichtgemetselde deur die door Loret en zijn helpers werd weggebroken. Ze lazen de namen op drie van de mummiekisten, begrepen wat voor vondst ze gedaan hadden

Vleesoffers in één van de zijkamers in het graf van Thoetmoses IV. Oorspronkelijk waren de schenkels, bouten, koppen en ribstukken om-wikkeld met stroken linnen.

Tussen het puin in de Vallei der Koninginnen liggen de door graf-rovers weggegooide resten van mummies met windselen van de groten van Egypte die hier eens met veel liefde en zorg waren bijge-zet.

en metselden de muur voorlopig weer dicht. Later werden twaalf van de dertien mummies naar het Museum in Cairo vervoerd; Amenhotep II bleef achter omdat hij nu eenmaal in zijn eigen graf lag. Alle doorgangen werden dichtgemaakt en verzegeld en er kwam een bewaker bij het graf. Loret had echter geen rekening gehouden met de brutaliteit van de Qoernese grafrovers.

Op 24 november 1901 zaten de bewakers van de Vallei der Koningen gezellig met elkaar te eten in graf nr. 10 toen dertien vermomde en gewapende mannen hen overvielen en met de dood bedreigden indien ze zich zouden verzetten. Zes van hen bleven bij de bewakers en zeven trokken naar het graf van Amenhotep II en begonnen dat te plunderen. Toen ze genoeg hadden verdwenen ze over het bergpad naar Medinet Haboe, samen met de zes anderen die de

De befaamde 'Cachette' (graf nr. 320 boven Deir el-Bahari = nr. 25 op de kaart van pag. 148), oorspronkelijk het graf van een konin- gin Inhapi uit het Middenrijk. Ten tijde van de priesterkoning Pinodjem (± 1000 v.C.) werd dit rotsgraf een soort familie-mausoleum, waarheen een groot aantal koninklijke mummies werd gebracht met wat er nog restte van hun grafuitrusting.

bewakers loslieten. Deze hadden eerst nog de moed om de boeven achterna te gaan, maar toen die vanaf het hoge pad drie schoten op hen losten gingen ze maar terug naar het veilige graf nr. 10. Toen ze meenden dat het weer kon gingen ze graven inspecteren en ontdekten toen het geopende graf van Amenhotep II. Het slot van de ijzeren deur was geforceerd en de doorgangen doorbroken. Het hoofd van de bewakers onderzocht het graf en ging de volgende dag naar de politie om de zaak aan te geven. Helaas voor de rovers was hun vermomming niet goed genoeg geweest. Drie van de dertien waren herkend en een van hen was Achmed Abd el-Rasoel. Ze werden uit hun huizen gehaald en in de cel gestopt, maar ook de bewakers die hen hadden herkend. Men kon tenslotte nooit weten . . .

Howard Carter kreeg opdracht een onderzoek in te stellen in de vallei en in Qoernah zelf, want men had nog niet genoeg bewijzen dat de rovers inderdaad het misdrijf hadden gepleegd waarvan ze werden beschuldigd. Hij ontdekte voor de bewakers zeer bezwarende feiten. Het met een ijzeren koevoet geforceerde hangslot toonde sporen van knoeien. Met lood had men getracht het er weer gaaf te doen uitzien. Dat was wel heel verdacht. Welke rover was zo gek om een hangslot met lood te repareren nadat hij de bewakers van het graf met de dood had bedreigd aleer hij het graf ging openen? Howard Carter bleek een goede detective. Hij bewees dat een ander graf precies zo was geopend en weer gesloten door het hangslot op dezelfde wijze te repareren. Bovendien vond hij afdrukken van blote voeten die men kon volgen van het graf tot het huis van de Rasoels. De bewijzen stapelden zich op. Mohammed Abd el-Rasoel had enkele dagen tevoren een koevoet gekocht. Ook de voetafdrukken bleken bij vergelijking overeen te komen met de zijne en daarmee was de zaak rond. Twintig jaar na de roof bij Deir el-Bahari gingen de gebroeders Rasoel weer de gevangenis in en nu voor een behoorlijke tijd.

Dat het schatzoeken nog altijd niet is uitgestorven in Thebe is tot in onze tijd aangetoond. Een tijdlang heeft de Egyptische regering gemeend de roverij een halt te kunnen toeroepen door een prachtig nieuw dorp te laten bouwen, ontworpen door een ook buiten Egypte bekende architect. Heel Qoernah was verplicht er met al zijn bezittingen heen te trekken en zich daar te vestigen, midden tussen hun akkers en in huizen die naar men dacht perfect bij het boerenleven waren aangepast. In het oude Qoernah zouden alle grote oude huizen worden afgebroken en zo zou men de zaak beter in de gaten kunnen houden.

Het werd een grandioze mislukking. Alle Qoernezen wonen nog steeds in de oude huizen waar ze niet uit wilden en het nieuwe mooie dorp is bezig tot een ruïne te vervallen. De aangeplante bomen die schaduw over het grote marktplein moesten verspreiden werden omgekapt voor de keukenvuren. Er woont nu een handjevol mensen in een paar van de huizen waarvan alle ramen en terrassen zijn dichtgemaakt met tichels om de buitenwereld uit te bannen. Want de architect was een stadse meneer en hij had nooit met de typische Egyptische boerenmentaliteit rekening gehouden. Geen Qoernees die zich in zo'n mooi en goed ontworpen huis ooit gelukkig zou kunnen voelen. Ze horen op hun oude plaats, in huizen boven de graven van hun voorvaderen.

In 1959 kwam een afstammeling van de befaamde Rasoels, sjeich Ali Abd el-Rasoel, op het idee om ook te gaan schatgraven, ditmaal met staatsgoedkeuring. Hij wist uit oude familieverhalen dat er aan het einde van het graf van Sethi I een diepe gang de aarde in leidde en dat daar aan het eind vele kamers moesten liggen gevuld met 'de schatten van Afrika en Azië!' Ali geloofde heilig in die verhalen en stak er heel zijn kapitaal in. Dagelijks daalde een stel arbeiders in de gang af en toen men op een dag een paar traptreden vond van een andere steensoort dan de in de rotsen uitgehouwen gang was er geen houden meer aan. Ze moesten nu vlakbij de schat zijn! Daar de nieuwsmedia zich gretig op Ali's avontuur stortten en er verslaggevers van heinde en ver in Qoernah verschenen, ging het nieuws pijlsnel de wereld rond. De meest waanzinnige verhalen deden de ronde. Zij die verstand hadden van egyptologie geloofden niet in Ali's avontuur en zij die het niet hadden natuurlijk wel. De eersten wisten dat Ali's gang al lang was onderzocht door niemand minder dan Belzoni die er al in was afgedaald; de laatsten beschikten over vruchtbare duimen waar de mooiste verhalen uit werden gezogen.

Jammer voor Ali maakte de Egyptische regering er een eind aan door het werk kort en goed te verbieden. Het werken in die gang vol puin waarvan de rotswanden zo ongeveer op instorten stonden was levensgevaarlijk en dus totaal onverantwoord. De gang is nu weer afgesloten met een stevig ijzeren hek en Ali is zijn kapitaal kwijt. Maar het verhaal zal blijven voortbestaan en wie weet zal eens zijn zoontje ook weer eens op het idee komen om naar schatten te gaan zoeken. Goed roversbloed verloochent zich niet.

In de Vallei der Koningen ligt de (schat)graverij voorlopig wel stil. Moderne opgravingen zijn verbazend duur en niemand is er zo erg op belust daar geld in te steken zonder dat er enige zekerheid van vondsten bestaat. Er is nog een tweede reden, de verschrikkelijke slechte toestand van vele koningsgraven, een toestand die wel eens een einde zou kunnen maken aan alle toeristenbezoek.

Deir el-Medina, het dorp van de
arbeiders van de koningsgraven,
gelegen tussen de laatste uitlopers
van de heuvels van de Libische
woestijn.

In het midden achter de heuvel
zijn nog juist de Memnon-kolossen
te zien.

Geen graan, geen graf

De uitspraak 'geen geld, geen Zwitsers' is algemeen bekend. Men kan die vertalen met 'boter bij de vis' of iets dergelijks en altijd verwijst hij een naar een toestand waarin iemand iets heel erg nodig heeft maar dat niet weet te financieren. Zelfs de farao's hebben nu en dan met deze miserabele toestand kennis gemaakt. En dan ging het niet om een lijfwacht maar om iets heel wat belangrijkers, althans in hun ogen: het bouwen van hun Huis voor de Eeuwigheid. De voorwaarden waren dan natuurlijk wel eigentijds. De arbeiders die het graf moesten uithakken in de rotswand werden betaald met voedsel, waarvan graan het belangrijkste onderdeel uitmaakte. Was er geen graan, dan kwam er ook geen graf.

Het zou overdreven zijn om te zeggen dat de Vallei der Koningen lijkt op een honingraat zoals wel beweerd wordt, omdat er zulke grote ruimten, soms zelfs ware paleizen, in de rotsen zijn uitgehakt. Zulke 'honingraten' vinden we wél aan de andere kant van de bergkam, waar de grond bij het erover lopen een hol geluid kan maken, maar daar werden veel meer graven naast en over elkaar aangelegd. In totaal werden er in de vallei ruim zeventig graven uitgehakt van heel klein tot zeer groot. Maar op de totale inhoud van de bergen en heuvels die de vallei omsluiten is het natuurlijk heel weinig. De tijden van de hoogste activiteit in de vallei waren natuurlijk die waarin grote werkzaamheden plaatshadden. De belangrijkste datum was die van de sterfdag van een farao en de troonsbestijging van een nieuwe. Het graf voor de eerste kón verzegeld en wel gereed zijn, maar dit was lang niet altijd het geval. Het moest dan in de tijd van zeventig dagen, waarin de mummie van de overledene gereed werd gemaakt voor de plechtige bijzetting in dat graf, geheel verzorgd zijn voor die dag. Dat daaraan nog wel eens wat mankeerde, bewijzen verscheidene graven: dan waren de schilderingen niet klaar, of de reliëfs verkeerden pas in een eerste stadium. In die zeventig dagen moest ook de grafuitrusting op zijn plaats worden gezet. De stenen sarcofaag moest klaar staan om de mummiekist(en) te bergen; de gouden schrijnen, waarvan we ons uit Toetanchamons graf een voorstelling kunnen maken, moesten op hun plaats komen om na de bijzetting met hun vleugeldeuren gesloten en verzegeld te worden. En daarna was er het nieuwe graf dat nu moest worden aangelegd.

Het is voor ons een groot geluk dat de Egyptenaren zo fanatiek waren in het maken van aantekeningen. Op scherven kalksteen en papyri schreven ze hun plannen, hun bouwtekeningen, hun boekhoudingen en nog veel meer op.

In de Vallei der Koningen waren de daar werkende mensen vaak de eersten die het officiële nieuws van dood en troonsbestijging te horen kregen en voor hen betekende dat heel wat. Deze aankondiging werd dan ook vaak gevolgd door één of meer vrije dagen en een feest. Het *'Le roi est mort, vive le roi'* leefde in Egypte als nergens anders. Van die aankondigingen zijn er enkele bekend. Toen Ramses VI de troon besteeg werd het volgende officieel bekend gemaakt aan de arbeiders: 'Jaar 1, 2de wintermaand, dag X (onleesbaar). Op die dag kwam de gouverneur van de stad *(Thebe)*, vizier Neferronpe, naar de ingang van het graf en las een brief voor, zeggende dat Nebmare Amonherchopsjef Ramses Miamon, God en heerser van On *(Heliopolis)*, is opgestaan als de grote heerser van het gehele land. En ze verheugden zich zeer. En hij zei: "Laat de arbeiders aantreden".' Het werd een opgewonden toestand. De hele dag werd er gejubeld tot zonsondergang en drie kapiteins gingen meteen 'geld' halen voor het nieuwe graf.

De aanleg van een graf bracht de nodige drukte met zich mee. Allereerst moest er een goede plaats worden gekozen en daarbij kon men ook op verassingen stuiten. Het terrein in de vallei moest terdege worden onderzocht. Soms bleek de rots diep in het graf van slechte kwaliteit te zijn, zoals bij voorbeeld bij een onbekend graf waarvan een ostracon weet te melden dat de werklieden op een enorm stuk vuursteen stootten, zoiets dus als in het graf van Merneptah. Of men stootte bij de aanleg van een graf onverwacht op een dat eerder gegraven was, maar dat men vreemd genoeg vergeten scheen te zijn.

Voor we beginnen met een beschrijving van het aanleggen van een koningsgraf moeten we het hebben over een moeilijkheid bij het richting bepalen. De Egyptenaren hielden er bij een koningsgraf andere opvattingen betreffende links en rechts op na dan wij. Tegenwoordig zijn we gewend om staande in de ingang te zeggen: dit is links en dat is rechts, waarbij we het graf *in*kijken. Maar de Egyptenaren deden het andersom. Staande helemaal achterin, in de grafkamer dus, keken zij naar *buiten* en ons links werd hun rechts en andersom. We merken dit al meteen bij de indeling van het werkvolk. Daarbij had men de Linkertroep en de Rechtertroep, die ieder aan hun eigen kant van het graf werkten en dat consequent bij alles volhielden. Geen man van 'links' raakte ooit iets aan dat tot het werkgebied van 'rechts' behoorde.

De twee troepen waren nagenoeg even groot en het is merkwaardig dat er van iedere baan twee waren, voor links en voor rechts. Die werktroepen hadden twee taken te vervullen: ze moesten het graf uithakken van buiten naar binnen en ze moesten het verkregen puin eruit dragen om het werk mogelijk te maken. Naarmate men dieper kwam werd de tweede taak natuurlijk steeds moeilijker, terwijl bovendien het werken in nauwe ruimten zoals gangen, trappen en kleine zijkamers weinig mensen vergde omdat er gewoon geen plaats voor hen was. In de grote kamers en hallen daarentegen kon men weer flink opschieten.

Laten we nu eerst eens zien wat een koningsgraf eigenlijk was, want dit begrip bleef niet beperkt tot een min of meer grootse plaats om een koningsmummie in op te bergen. Een koningsgraf was de laatste rustplaats van iemand die tijdens zijn leven op aarde al een god was geweest en die in het hiernamaals dus ook heel belangrijk zou zijn. De betekenis van het graf is volgens gevonden technische termen, inscripties en afbeeldingen op de wanden van het graf de weg die de zonnegod Ra in de nacht moet afleggen. De dode koning is identiek met Ra. De ondergrondse gangen en hallen corresponderen met die nachtreis en voeren uiteindelijk naar de grafkamer, waar de dode farao rust om in de morgen herboren te worden als de zon. De namen die gangen en hallen dragen kloppen geheel met deze opvatting. Het aantal gangen varieert van twee tot vier. Ze staan bekend als 'godenwegen'. De eerste godenweg omvat de open toegang plus de eerste gang. De tweede godenweg is ondergronds en wordt bereikt via de doorgang in de vorm van een stenen deur, compleet met drempels, kozijnen en bovendrempel, die afgesloten werd met twee grote houten vleugeldeuren zoals bij iedere volgende stenen doorgang tussen twee aparte ruimten. In de derde godenweg vindt men voorbij de ingang vlak onder de zoldering ovale nissen vlak achter de deur. Deze bevatten rechts de sanctuaria waarin de god van het oosten rustte, en links waren die voor de god van het westen. Hier hebben we dus al een plaatsbepaling: rechts is oost, links is west. De achterste kamer van het graf is dus het noorden en de toegang het zuiden. Met het kompas klópt hier echter niets van, want wie even op de kaart kijkt ziet wel dat de graven de buigingen van de bergen volgen en dus onmogelijk zuiver noord-zuid gericht kunnen zijn.

In het graf van Ramses IV is de vierde godenweg een hellende weg met de mooie naam 'Monding van de weg'. Deze voert omlaag. Na de vierde godenweg is er een hal met twee nissen voor de 'poortwachters'. Deze eerste hal is de 'Hal van het Wachten', waar de dode moest vertoeven eer hij tot de grafkamer werd toegelaten. De tweede hal is in vele graven de 'Wagenhal' want hierin werden de rijtuigen en/of strijdwagens van de dode farao bewaard. In het graf van Toetanchamon zijn daarvan schitterende voorbeelden gevonden. Vaak ging het hier echter om niet bruikbare en dus symbolische wagens die speciaal voor het graf vervaardigd waren, zoals trouwens heel veel van het grafmeubilair. Deze hallen hadden uit de rots gekapte zuilen om de grote proporties mogelijk te maken. Het aantal van deze zuilen is variabel in verband met de afmetingen. Een heel grote hal heeft al gauw vier of zes van die vierkante zuilen. Naar de zich in het graf van Ramses IV bevindende afbeeldingen op de wanden van onthoofde figuren wordt deze zaal ook wel eens 'Hal om de rebellen te verdrijven' genoemd.

En tenslotte is er dan de grafkamer, het 'Huis van goud waarin men rust'. Deze naam is ongetwijfeld te danken aan het 'nest' van gouden schrijnen dat de sarcofaag omsloot en dat in de tombe van Toetanchamon zoveel plaats innam dat de grafkamer er bijna geheel door gevuld was. Soms kwam er na de grafkamer, in wezen toch de raison d'être van het graf, nog eens een godenweg zoals vermeld op de 'Turijnse papyrus', die reeds een prachtige plattegrond levert van het graf van Ramses IV.

Boven: een 70 centimeter lange al- ▷
basten boot uit het graf van Toe-
tanchamon. Boegbeelden aan voor-
en achtersteven in de vorm van
bronzen steenbokken. Als stuurman
dient een vrouwelijke dwerg.

Onder: Het hoofd van de (tweede) ▷
mummiekist van Joeya, de vader
van koningin Teje, uit zijn graf
(nr. 46). De kist bestaat uit hout
met bladgoud beslagen.

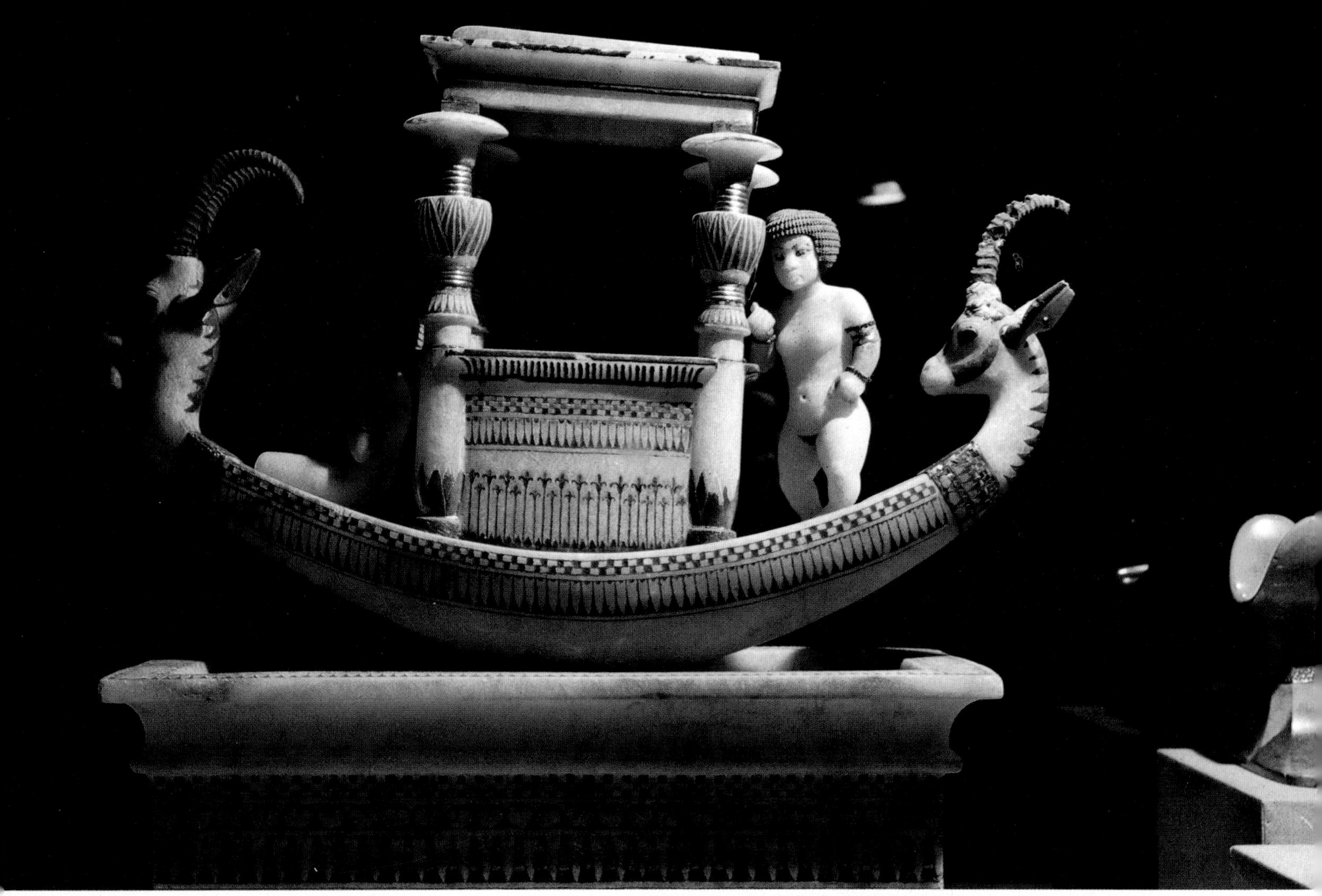

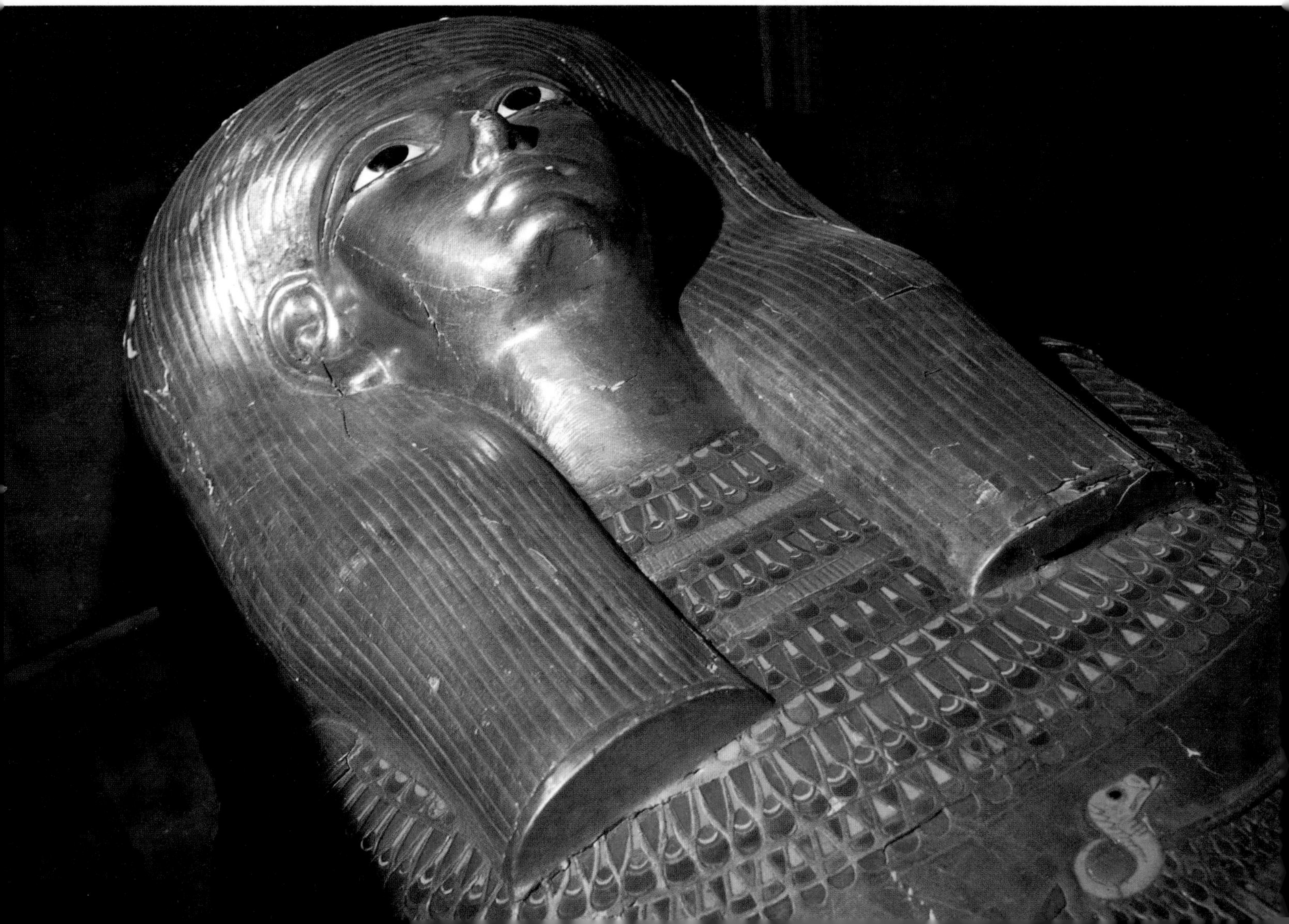

Schat- of voorraadkamers behoorden eigenlijk ook aanwezig te zijn om de grafuitrusting in te bergen. In het graf van Toetanchamon stonden die volgepropt en volgestapeld met meubels, beelden, kisten met allerlei inhoud, wagens, bedden en wat al niet meer. Het graf van Ramses III is een mooi voorbeeld, want dat heeft links en rechts vier kleine vertrekjes, ieder met een put die werd opgevuld, waarin de reliëfs vertellen wat er kan hebben gestaan. Boven de toegangsdeur stond het ook nog eens in inscripties, maar die zijn praktisch uitgewist. Ze werden overigens aangebracht dwars door de reeds bestaande teksten van de gang en dit wijst erop dat die kamertjes duidelijk later werden toegevoegd. Champollion was nog zo gelukkig de inscripties boven de deuren enigermate te kunnen ontcijferen en aan hem danken we dan ook de vertaling hiervan.

In de zijkamertjes ging het om de volgende zaken:

rechts	1ste kamer	geen inscriptie	wapens
	2de kamer	'schatkamer'	meubels, potten, manden
	3de kamer	'Velden van Iaroe'	landarbeid
	4de kamer	geen inscriptie	twaalf beelden van de dodengod Osiris
links	1ste kamer	'De hal'	de Nijl brengt offers
	2de kamer	'Huis van het voedsel (?)'	offers gebracht door Nijlgoden en de gouwen van het land
	3de kamer		zeven hemelse koeien en één stier, scheepsroeren
	4de kamer	'Hal der twee waarheden'	harpenaars, voor de goden spelend

Met zulke ingewikkelde plattegronden als veel graven bezitten is het duidelijk dat men niet zonder grondig voorbereide plannen te werk kon gaan. De gegevens betreffende de graven bevinden zich in hoofdzaak op ostraca en papyri. Ze verschaffen ons wetenswaardigheden over de graven van Ramses I (graf nr. 16), Ramses II (?) (nr. 7), Merneptah (nr. 8), Sethi II (nr. 15), Siptah (nr. 47), Ramses IV (nr. 2), Ramses V/VI (nr. 9), Ramses IX (nr. 6). De gegevens die de schrijvers zo vlijtig neerpenden munten uit door uiterste nuchterheid. Ze staan vol verantwoordingen voor de uitgifte van zulke uiteenlopende zaken als 'kaarsen' (waarover dadelijk meer), weggebracht puin, uitgehakte steen, absente werklieden, luie en vlijtige lieden, opgetreden moeilijkheden bij het werk, uitgereikte manden voor het wegdragen van het puin en nog veel meer.

De gang van zaken bij het werk was zeker efficiënt te noemen. Het werk ging steeds door, dat wil zeggen men werkte acht dagen en had dan twee vrije dagen. Naar men aanneemt werkte men 's ochtends vier uur en na een rust 's middags nog eens vier. Het klinkt modern maar veel langer zal men het in die met steenstof bezwangerde ruimten ook wel niet hebben uitgehouden.

De steenhouwers die voorop gingen werden meteen gevolgd door de gladmakers van de wanden. Na hen kwamen de pleisteraars, die moesten zorgen dat de schilders de kleuren en/of tekeningen konden aanbrengen. Als er reliëfs in het graf voorkwamen moesten die tussen het steenhakken en pleisteren worden aangebracht.

De man, meestal een priester, die in schetsen aangaf wat er op de wanden moest staan, was een uitermate verantwoordelijk persoon, want van de afbeeldingen hing het geluk van farao in het hiernamaals af. Op de bedoelingen van die afbeeldingen komen we later nog terug. Hij schetste met rood; als er later verbeteringen nodig waren gebeurde dat in zwart, waarmee ook de uiteindelijke tekening voor de schilders en reliëfhakkers werd aangebracht. Om de afbeeldingen zo mooi en gaaf mogelijk te maken was het pleisteren – waarmee ook fouten konden worden weggewerkt – heel belangrijk.

Het pleisteren was het werk der gypsumarbeiders. Gypsum wordt in de grond gevonden en moet gebrand worden, waarna het, vermengd met water, een mooie witkalk oplevert met heel fijne grein. Het pleisteren met gypsum kwam het eerst voor in de Amarna-tijd. Daarvoor pleisterde men met leem – wat een mooie beige tint geeft – en als dit goed was aangebracht, zoals in het graf van Thoetmoses III, dan vormde het een perfecte ondergrond voor schilderingen, zowel in enkel zwart met hier en daar een bescheiden kleurtje als voor echt kleurige schilderingen. Daar het aanbrengen van gypsum wel vaardigheid eiste had men zowel gypsummakers als gypsumwerkers, die net als alle andere arbeiders meestal in paren werkten.

Met al die gegevens van papyri en ostraca blijft het merkwaardig dat het *soort* werk nauwelijks vermeld wordt. Zonder meer ging de aandacht uit naar de kale gegevens: hoeveel werk werd er verricht op een bepaalde dag en wie kwam er niet opdagen, en – wat heel belangrijk is – wat werd er uitgereikt uit de staatsmagazijnen. Hierbij komen we aan het onderwerp verlichting, want dat men in die letterlijk aardedonkere ruimten met kunstlicht moet hebben gewerkt staat als een paal boven water. En omdat het maken van een koningsgraf van een paar tot zeer veel jaren kon duren, moet er een ontzagwekkende massa verlichtingsmateriaal zijn gebruikt. Zeker de beeldhouwers en de schilders zullen veel behoefte aan licht hebben gehad, vooral als het heel fijne voorstellingen betrof.

Het meest gebruikte verlichtingsmateriaal is de 'kaars' geweest, die we dan wel zo noemen maar die naar alle waarschijnlijkheid en ook gezien een paar afbeeldingen een toorts was. Die toortsen werden door de arbeiders zelf gemaakt nadat hun het materiaal daarvoor was uitgereikt. Dit bestond uit een hoeveelheid repen linnen (gebruikt en versleten) en vet om als brandstof te dienen. Van de vorm en de lengte van die dingen staat niets opgetekend, maar in het graf van Toetanchamon is een 'kaars' gevonden. Deze was 35 cm lang en bestond uit een gedraaide reep linnen, die in vorm werd gehouden door een 6 cm brede reep linnen die er spiraalvormig stijf omheen gewonden was. Aan de onderkant zat dan nog een breed stuk linnen om het geheel stevig te houden. Daar het onwaarschijnlijk is dat men die dingen met de hand vasthield, zullen ze wel in aarden bakjes zijn gestoken – waarvan afbeeldingen bestaan – waarin men er één tot drie kwijt kon.

Men heeft zich vaak afgevraagd waarom die vette toortsen geen roetafzettingen in de graven hebben veroorzaakt, maar misschien kan Herodotus ons daarbij helpen. Die vermeldt namelijk dat men in de lampolie wat zout deed om het roken te voorkomen en dat zal men mogelijk vroeger dus ook hebben gedaan, al bestaan daar geen aantekeningen van.

Kaarsen werden alleen op werkdagen uitgedeeld en de controle ervan was een van de strengste in de vallei. Het vet van de kaarsen was namelijk eetbaar! Waar volgens inscripties de arbeiders vragen om 'vers vet om er kaarsen van te maken', kan men aannemen dat het hier om talg ging. Daarnaast zou er in de tijd van Ramses IX 'room' zijn gebruikt, wat wel erg onwaarschijnlijk is als men weet dat het om duizenden kaarsen moet hebben gegaan. Ook sesamolie was een goede brandstof en tevens een goed voedingsmiddel. Vet voor kaarsen werd onder streng toezicht verstrekt. Vooral de kaarsen die met *smi* (room of wat het geweest mag zijn) werden bereid waren kennelijk zo kostbaar, dat deze *smi* in aanwezigheid van een magistraat werd uitgedeeld! In de 19de dynastie werd de uitgifte van kaarsen erg keurig bijgehouden, in de 20ste heel wat minder. Betekent dit dat ze dus veel goedkoper waren geworden? We zouden het graag willen weten maar helaas, daarover bestaan geen aantekeningen.

Beschilderd reliëf in de derde zijkamer rechts van de eerste gang in het graf van Ramses III.

Het oude arbeidersdorp Deir el- ▷
Medina, een overzicht in de richting van het Nijldal. Linksboven de Hathor-tempel daterend uit de Ptolemeische periode (ca. 150 v.C.)

Het instituut Set-Maät

Het hele project: de aanleg van een koningsgraf in de vallei en alles wat daarbij betrokken was, heette in de oudheid *Set-maät*. Het was een reusachtig project, niet alleen wat het werk betrof maar ook door de ingewikkelde administratie, het controlesysteem dat overtredingen en diefstal moest voorkomen, het toezicht op de vordering van de bouw, van de versiering, van de meubilering, op de arbeiders, de politie, de ambtenaren, het dorp waarin de arbeiders en ambachtslieden huisden. Van dit project is langzamerhand zeer veel bekend geworden en deze kennis hebben we te danken aan het doorzettingsvermogen der egyptologen en niet minder aan het wonderlijke feit dat al die mensen die bij *Set-maät* betrokken waren er kennelijk grote behoefte aan hadden om van alles en nog wat, van hoogst belangrijke feiten tot en met de futiliteiten, op te schrijven.

Het project *Set-maät* bestaat nog steeds, dat wil zeggen dat we met eigen ogen kunnen waarnemen wat het einddoel was: het voltooide en ingerichte koningsgraf, maar ook het dorp waar de mensen waren ondergebracht die aan dit project werkten, de graven waarin ze werden bijgezet, en bovenal hun privé-omstandigheden. Hun 'brieven' liggen te kijk in het Museum van Cairo – blanke steenscherven en aardkleurige potscherven, overdekt met meestal keurig schrift maar ook vaak voorzien van charmante tekeningetjes, soms voor eigen genoegen gemaakt, meestal bij het werk gebruikt. Karikaturen zijn er onder, zo scherp als van een moderne politieke tekenaar, maar ook prachtige dierfiguurtjes en mooie vrouwtjes.

Het dorp, of liever de ruïne van het dorp, draagt nu de naam Deir el-Medina, wat betekent Klooster van de Stad. Eens heeft op die plaats een vroeg-christelijke gemeenschap geleefd. Onder de ruïnes daarvan kwamen tijdens opgravingen, waaraan vooral de namen van J. Černy en B. Bruyère verbonden zijn, de resten van het antieke dorp te voorschijn. Het dorp is lang en smal met een hoofdstraat die noord-zuid loopt. Op die enkele meters brede hoofdstraat kwamen de voordeuren uit van de huizen die erlangs lagen en de nauwelijks één meter brede steegjes die naar de huizen daarachter voerden. Meer dan ruim zeventig huizen heeft het dorp nimmer bezeten, maar we hebben er de plattegronden van, al zijn de muren niet veel meer dan een meter hoog. Er zijn piepkleine huizen bij met kamers van nauwelijks twee meter in het vierkant, maar er zijn ook veel grotere die beschikken over een binnenplaats met een paar zuilen waarover een houten dak was gelegd. Een aantal trappen doet vermoeden dat er ook wel huizen met verdiepingen moeten zijn geweest. Al het bewaarde in een huis bestaat uit steen: de drempels, de voetstukken der zuilen die waarschijnlijk beschilderde palmstammen waren, de kozijnen der deuren, de trappen en vloeren en zelfs de bedden.

De bedden van Deir el-Medina zijn nogal kort – een lang iemand moest zich wel een beetje oprollen – en zijn eigenlijk een soort stenen banken van bijna een meter hoog, te beklimmen via een stenen trapje, terwijl een mat en matras en een neksteun van hout of ander materiaal het moede lichaam ten dienste stond. Ze zijn echter breed genoeg om er met zijn tweeën op te kunnen liggen. Nu zullen de mensen die hier huisden, evenals de Egyptenaren van nu wel het grootste deel van de dag buiten hebben doorgebracht, en in zekere zin was Deir el-Medina dus een soort 'slaapstad' waarin zich overdag alleen vrouwen en kinderen ophielden.

Een groot deel van de werkende mannen schijnt tijdens de 'arbeidsweek' niet naar huis te zijn gegaan, maar er de voorkeur aan te hebben gegeven dichtbij het werk te slapen in de hutten, die in de Vallei der Koningen waren gebouwd. De thuisblijvende vrouwen bezaten dan de binnenplaats voor zich en hun kinderen, en hadden een keuken ter beschikking. In die keukens waren een paar grote aarden potten in de grond ingelaten. Daarin bewaarde men graan. Andere potten, van een model dat de vrouwen in Egypte nu nog gebruiken, bevatten water, olie, bier en soms wijn. De stenen molens voor het malen van het graan zijn er nog te zien.

◁ *In het graf van Nakhtamon (nr. 335 te Deir el-Medina).*

Boven: Wandschildering in het
graf van Arinefer in Deir el-Medina
(nr. 290): zijn vader Siwadjet en
zijn moeder Tawosret.

Onder: Wandschildering in het
graf van Nu en Nakhtmin te Deir
el-Medina (nr. 291): offers brengen
aan de ouders van de grafeigenaren.

Boven: Wandschildering in het
graf van Pashedu in Deir el-Medina
(nr. 3): ouders, schoonouders en
andere verwanten brengen offers.

Onder: Wandschildering in het
graf van Khabekhenet te Deir el-
Medina (nr. 2): Khabekhenet en
zijn vrouw Sahte offeren aan Ptah
en Maät.

Het dorp Deir el-Medina heeft heel lang bestaan eer het onder de Koptische bouwsels en daarna onder het stuivende zand verdween. Het werd gebouwd in een *wadi*, een droge rivierbedding tussen twee heuvels waarin de ambachtsmannen hun eigen, vaak bijzonder mooie graven konden aanleggen. In die graven, die uit niet meer bestaan dan een diepe put en een grafkamer die daarop uitkomt, kunnen we nagaan met hoeveel liefde en plezier deze mensen aan hun eigen Huisjes voor de Eeuwigheid hebben gewerkt. Ze zijn voor het merendeel uitstekend bewaard gebleven en de op de muren aangebrachte decoratieve schilderingen zijn nog zo fris en levendig van kleur alsof ze gisteren werden gemaakt. Natuurlijk is er een groot verschil in kwaliteit.

Het dorp moet gesticht zijn onder de regering van Thoetmoses I, omstreeks 1520 v.C. In het begin van de 21ste dynastie, ruim vierhonderdvijftig jaar later, werd het verlaten. In die tijd woonde en werkte hier die vaste leefgemeenschap waarvan we zoveel weten: niet alleen de namen van de bewoners, maar ook hoe ze hier leefden, wat hun beroep was, wie ruzie had met wie en wie vrijde met wie. Een uitstekende administratie zorgde ervoor dat wij kunnen lezen wat de arbeiders uit de necropolen – ze werkten zowel in de Vallei der Koningen als in die der Koninginnen – aan herinneringen nalieten. Zo werd iedere dag de rol voorgelezen en alle absenten werden nauwkeurig genoteerd zodat we ook al weten wie opvallend lui en wie braaf en vlijtig was. De absenten gaven later prachtige redenen op voor hun afwezigheid: de ene moest zijn os voeren (!), de andere was ziek, nummer drie had ruzie met zijn vrouw!

In 1922 begonnen de Franse archeologen met hun opgravingen in dit gebied. Ze zijn er met tussenpozen nog steeds mee bezig, het laatst tussen 1975 en 1976. Voor buitenstaanders lijkt het een ietwat hopeloos beroep waar op het oog weinig schot in zit. Bruyère en Černy werkten er zeker dertig jaar en ontdekten al gauw dat het een lastige zaak was, gezien de toestand van het dal waarin het dorp gelegen was. Eén voordeel was er wel, de graven van de mensen van het dorp waren deels ongeschonden en die hebben dan ook heel wat voorwerpen en gegevens opgeleverd. De hele omgeving was verschrikkelijk vernield door het zoeken naar *sjebach* en natuurlijk sluikgravingen. Duizenden tonnen puin, stenen en zand hebben Bruyère, Černy en hun mensen in die dertig jaar verzet, maar tenslotte kwam dan toch het dorp voor de dag en met dat dorp het leven van generaties mensen die er in die eeuwen hebben gewoond. Een rijkere bron was nauwelijks ooit aangeboord want niet alleen vond men het dorp en de graven van hen die er geleefd hadden, men ontdekte ook een reusachtige put – meer dan veertig meter diep – die alle weggegooide brieven, notities en administratie bevatte. Duizenden ostraca zijn uit die put te voorschijn gekomen en nog altijd is men bezig die teksten te vertalen . . .

Deir el-Medina zelf kwam, we zagen het al, met de opgravingen tot leven. We weten nu hoe hun kleine huizen er hebben uitgezien, wat voor meubels erin stonden, hoe ze gekleed waren: kennelijk wel sjiek als het feesten betrof. We weten hun namen en de namen van hun kinderen en kindskinderen. We hebben verhalen over hun gezinnen, hun vrienden en kennissen, hun vijanden. We kennen de literaire teksten uit die tijd en in hun huizen hadden ze soms echte, zij het wat zware bibliotheken: scherven van kalksteen of aardewerk met mededelingen over van alles en nog wat in verband met hun werk in de beide valleien. En we weten ook alles van hun beroepen die dikwijls overgingen van vader op zoon.

Het dorp zoals het er nu bij ligt stamt uit de tijd der Ramessiden. De zeventig huizen volgen vrijwel een zelfde patroon. Een rij kamers ligt achter elkaar met de keuken helemaal achterin. De huizen zijn van brokken steen of tichels opgebouwd. Voor het geestelijke leven van de inwoners waren er om het dorp heen kleine heiligdommetjes, kapelletjes gewijd aan diverse godheden, maar ook een officiële Hathor-tempel uit de tijd van Amenhotep I. Deze tempel werd in de Ptolemeïsche tijd vervangen door een nieuwe die nog in uitstekende staat verkeert. Uit de tijd der Ramessiden stammen ook de talloze documenten van de arbeiders van de Plaats van de Waarheid *(Set-maät)*. Hun graven legden ze aan in de steile hellingen naar de hoogvlakte boven de bergkammen. Boven langs één van die heuvels is het huis van de Franse opgravers gebouwd, een eenvoudig lang gebouw met een brede veranda en een schitterend uitzicht op hun arbeidsterrein.

In die graven kunnen we het dagelijks leven van hen die er zijn bijgezet bekijken. We zien wat ze aten, wat ze voor kleding droegen buiten het werk, de goden die ze aanbaden, hun hoop op een heerlijke toekomst. Na de begrafenis werd de grafschacht opgevuld met puin en meestal werd er een kleine tumulus overheen aangelegd en soms een kleine piramide gebouwd. Maar de tijd zorgde er al heel gauw voor dat de plaats totaal verdween onder naar omlaag rollend puin en zand. De graven die geplunderd werden moeten al kort na de bijzetting verstoord zijn, toen men nog kon zien waar men wezen moest en de schacht kennelijk nog niet was opgevuld, want dat karwei zal wel een paar dagen geduurd hebben.

*Het noordelijk deel van het dorp
Deir el-Medina (het ommuurde
stuk links tot het midden), met
daarboven tegen de westelijke heu-
velrug de graven van de arbeiders.*

De bijna maniakale lust tot het
noteren van al wat men ook maar
enigszins van belang achtte, heeft
ervoor gezorgd dat van het werk
en het dagelijks leven van de arbeiders van Deir el-Medina zeer veel
bekend is. Hun notities op papyri,
maar vooral ook op duizenden
potscherven of stukken kalksteen
– beide ostraca genoemd – vertellen
over de voortgang van het werk,
dagelijkse voedselleveranties, absen-
ties wegens ziekte, ruzies over de
verhuur van ezels om vaten water
te halen en talloze andere zaken.
Ernstige geschillen werden veelal
beslist door een plaatselijke 'rechtbank' en ook daarover zijn berichten
bewaard gebleven.

In hun vrije tijd werkten de arbeiders van Deir el-Medina veel aan
hun eigen graven, maar ook teken-
den zij graag losse schetsen op
ostraca – soms dienden deze als
ontwerpschetsen voor grafschilde-
ringen.

De plaats van de keuken was in vele huizen van Deir el-Medina duidelijk te herkennen aan de grote hoeveelheden (gebroken) aardewerk.

De zeer korte bedden in de huizen van Deir el-Medina moesten via een trapje worden beklommen. Men sliep op rieten matten.

Rechtsboven: Wandschildering in het graf van Sennedjem (nr. 1 te Deir el-Medina).

Rechtsonder: Wandschildering in het graf van Chabechnet (nr. 2B te Deir el-Medina). De mummie – in de vorm van een vis! – wordt gereedgemaakt door de god Anubis.

De zielen (als vogels voorgesteld)
van Nebenmaüt en zijn vrouw
Meresger worden gelaafd door de
boomgodin. Schildering in graf 219
te Deir el-Medina.

De mummies van Nakhtamon en
zijn vrouw Noebemshas voor het
graf. Schildering in graf 335 te
Deir el-Medina.

De arbeiders in de konings- en koninginnegraven hadden een titel: Dienaar in de Plaats van de Waarheid. Het woord 'dienaar' kan hier ook gelezen worden als 'hij die een oproep verwacht'. De Plaats van de Waarheid is in dit geval het koninklijke graf waaraan gewerkt werd. De groep die daarin en daaraan werkte bestond meestal uit een man of zestig, verdeeld in de Rechtsen en de Linksen. Samen vormden zij de 'equipage'. Dit wijst er op dat de titels uit de scheepvaart afkomstig waren en inderdaad sprak men oorspronkelijk van de mannen van bakboord en stuurboord. Het links en rechts had te maken met de beide zijden van het graf.

Bij een werk waren altijd twee voor- of oppermannen. Dat er daarnaast schrijvers in dienst waren spreekt vanzelf. Die waren in rang even hoog als de voormannen. Elke voorman had ook een soort assistent naast zich die hem vervangen kon. De voornaamste schrijver was niet alleen de opzichter over het werk maar tevens de intermediair tussen de ploegen en het centrale gezag, dat zetelde in de stad Thebe. De hoogste man van dit gezag was de vizier van Boven-Egypte, die direct onder de farao stond.

Inspecties vormden een belangrijk onderdeel van het werk en deze werden regelmatig gehouden en natuurlijk schriftelijk vastgelegd. Diefstal, plundering van een graf, wanorde en gappen van materiaal vormden wel zowat de meest voorkomende misdrijven en misdaden. Vandaar dat er een behoorlijk politieorgaan was, die de arbeidersgemeenschap moest beschermen en in toom houden. Daarnaast bestond er een naar de Franse opgravers zeggen 'bijna maniakale' administratie van gereedschap en materiaal. Iedere keer dat er een stuk gereedschap moest worden gerepareerd of geslepen, werd dit zorgvuldig opgetekend. Alleen onder controle kon nieuw gereedschap of nieuw materiaal worden uitgereikt.

Het hiernamaals op de wanden

Het geschrift van de Verborgen Ruimte.
De standplaats van de *baoe* en de goden,
Van de schaduwen en de *achoe* en dat wat gedaan wordt.

Het begin is de Hoorn van het Westen,
De poort van de westelijke horizon;
Het einde is de oerduisternis,
De poort van de westelijke horizon.

Te kennen de *baoe* uit de onderwereld,
Te kennen de geheime *baoe*,
Te kennen de poorten
En te weten waarlangs de grootste god gaat,

Te weten wat er gedaan wordt,
Te weten wat is in de uren en hunne goden,
Te kennen het verloop der uren en hunne goden,

Te kennen hun verheerlijkingen van Ra
En te weten wat hij hun toeroept,
Dat is het kennen van hen die gedijen en hen die vernietigd worden.

Met deze plechtige maar voor velen onbegrijpelijke woorden opent het boek *Amdoeat*, het *Boek van dat wat in Doeat is*, het oud-Egyptische onderwereldboek dat ons iets kan verklaren van het geloof betreffende het hiernamaals van de mens uit dat verre oude Egypte, en dan in het bijzonder van de dode farao. Ondanks de grote vorderingen in de egyptologie van onze eigen tijd blijft dit geloof nog vaak een onbegrijpelijke zaak. Maar één ding staat vast: het lot van de dode koning was onverbrekelijk verbonden aan dat van de zonnegod die met de zonsondergang sterft, in de nacht door de onderwereld reist, om dan met zonsopgang herboren te worden als een nieuw jong kind.
Heel de gedachtenwereld draaide vanaf de vroegste tijden om dit dagelijks weerkerende wonder: een verdwijnende en dus in het westen stervende zon en een tevoorschijn tredende en dus weer in het oosten herboren wordende zon. Dit patroon sluit volmaakt aan bij het land zelf: een rivier met aan weerszijden daarvan 'levend', want bebouwd, land vol groen, mensen en dieren, zich uitstrekkend van het diepste zuiden tot aan de Middellandse Zee, links en rechts ingesloten door woestijnen waarin de dood duidelijk zichtbaar is en de hele omgeving bepaalt. Heel dit wonder van het land en de zon wordt mogelijk gemaakt door één onbestrijdbaar punt: de dood van alles wat leeft, met inbegrip van de goden. Dit brengt ons tot dat merkwaardige feit dat in het oude Egypte de goden even sterfelijk waren als de rest van wat groeit en bloeit, en dat 'onsterfelijkheid' er dus een niet bestaand begrip was. Tijd en ruimte zijn begrensd; 'eeuwigheid' in de moderne betekenis kan hierin dus niet bestaan.
De onderwereldboeken, bestemd om de koning in zijn graf in staat te stellen iedere nacht opnieuw de reis van de dode zonnegod door de onderwereld mee te maken en aan het einde van de nacht mét hem herboren te worden, maken een heel bijzonder deel van de religie uit. Ze staan in zekere zin naast het 'normale' geloof van alledag dat een bijzonder uitgebreid pantheon omvatte waarmee men in het dagelijks leven te maken had.
Uit de oudste verzameling religieuze teksten, de *piramideteksten*, blijkt dat men zich toen (ca. 2500 v.C.) al een heel ontwikkeld dodenrijk voorstelde. De kern van deze teksten wordt gevormd door de koninklijke begrafenis en de riten

die hierbij moesten worden gevolgd. De hemel is het belangrijke doel van de reis door het hiernamaals. Goden en mensen heffen de koning ten hemel. Een spreuk zegt heel kernachtig: 'Hij (de dode koning) behoort niet tot de aarde, hij behoort tot de hemel.' De aarde wordt als negatief voorgesteld, evenals het Westen waar de zonnegod maar ook de sterren ondergaan. De hemel, het Oosten is positief want hier keert de zon en de farao terug uit de diepte van de dood.

Uit de piramideteksten ontwikkelen zich de zogenaamde *coffinteksten* of *sarcofaagteksten*, die men aantreft op houten doodkisten van edelen en hoge ambtenaren uit het Middenrijk. Het hiernamaals wordt daarin vaak het Westen genoemd en de godin van het Westen neemt de dode als haar zoon aan. Het Westen is dan positief geworden, maar de hemel is nog altijd buitengewoon belangrijk. De hemel én de onderwereld omvangen de dode, een dualiteit

Links: Doorzicht vanuit de crypte door de sarcofaagzaal in het graf van Amenhotep II (nr. 35). Ter bescherming tegen al te vrijpostige bezoekers zijn er glasplaten voor de beschilderde wanden en zuilen gezet.

Schildering op een van de pijlers in het graf van Amenhotep II (nr. 35): de koning staande voor de dodengod Osiris.

die later terugkeert in de koningsgraven van het Nieuwe Rijk. De dode is nu een 'Osiris' en staat in een zoon-moeder-verhouding tegenover de hemelgodin Noet.

De sarcofaagteksten bouwen de gegevens van de piramideteksten verder uit. In de overgangstijd tussen het Oude en het Middenrijk (2140-2040 v.C.) bezon men zich op de wereld van het hiernamaals en ontstonden de eerste duidelijke beschrijvingen van wat er in het dodenrijk te vinden is: een 'vuurstroom', demonische wakers. Uit die tijd stamt het *Boek der twee wegen*, waarvan voorstellingen en teksten op de bodems van de sarcofagen staan. Het is een soort 'landkaart', omgeven door spreuken die goede raad en aanwijzingen geven voor de dode, hem waarschuwen voor gevaren en waar die te vinden zijn maar ook welke weg hij moet inslaan bij zijn gevaarlijke reis door de onderaardse regionen naar de hemel.

Oesjebti's van farao Amenhotep II,
vervaardigd van harde steen en
gevonden in zijn graf.

Onder: Deksels van canopen (de
zgn. lijkvazen, waarin de gemum-
mificeerde organen werden bewaard) uit het graf van Amenhotep
II.

Rechts: In de crypte van het graf
van Amenhotep II (nr. 35) staat
zijn sarcofaag van gele kwartsiet,
voorzien van beschilderde teksten
en afbeeldingen van beschermgoden.
Het graf werd in 1898 geopend
door V. Loret en toen bleek de
mummie van de farao nog in de
sarcofaag aanwezig – een grote
uitzondering bij de koningsgraven.

Met de nieuwe opvattingen betreffende aanleg en vorm van het koningsgraf hangt aan het Begin van het Nieuwe Rijk de samenstelling der onderwereldboeken ten nauwste samen. *Amdoeat* is het oudste van die boeken maar heette oorspronkelijk het *Boek der verborgen ruimten*. Voor het eerst vinden we de voorstellingen hieruit in het graf van farao Thoetmoses I (1524-1518 v.C.). In het *Amdoeat* wordt de nacht verdeeld in twaalf uren. De opbouw van dit boek is eenvoudig en – zeker voor de Egyptenaar – begrijpelijk. De uren van de nacht worden verklaard in drie registers onder elkaar. Het middenregister toont het varen van de zonnebark die de dode zonnegod door het hierna-maals vervoert. De beide andere registers geven de andere wezens die de zonnegod ontmoet plus gebeurtenissen die zich tijdens zijn nachtelijke reis voordoen.

Elk uur heeft een eigen naam die men moet kennen. De kennis die de dode moet bezitten is bijzonder groot, maar hierbij zijn teksten en afbeeldingen natuurlijk van grote hulp. Op de zonnebark zijn behalve de dode zonnegod, voorgesteld als een mens met een ramskop, nog negen andere goden aanwezig om de vaart veilig uit te voeren. Stuurman is Horus, terwijl Thot, de god der wijsheid, verantwoordelijk is voor 'maät', dat wil zeggen voor alle orde en een goede gang van zaken. De godin Hathor wordt als de meesteres van de boot beschouwd. Doordat Thot 'maät' op het schip waarborgt en de zonnegod dag en nacht begeleidt, zowel in de hemel als in de onderwereld, kan de dode niet ten prooi vallen aan de chaos die overal dreigt.

In het *Amdoeat* verandert de onderwereld vaak van karakter en dit vraagt om bepaalde aanpassingen van de zonneboot, die op die manier veilig passeren kan. In het 4de en 5de nachtelijke uur reist men door het land van de dodengod Sokar, wiens gebied een bijna onbegrensde zandvlakte is waarin de god 'op zijn zand is'. Dit gebied is uiterst moeilijk te passeren en heel gevaarlijk. Daarom verandert de zonnebark in een slang die gemakkelijk over het zand kan glijden.

In het zevende uur treedt de boze slang Apophis op, die de zonnegod en dus ook de koning vernietigen wil. Dan is de beurt aan Isis, die ook op het schip aanwezig is, om naar voren te treden en met haar machtige toverkunst en magische kracht Apophis te overwinnen en de boot veilig door dit vreselijke gebied te brengen. Apophis staat aan het hoofd van alle vijanden van de goden. Hij is een wezen dat voortkomt uit een chaotische niet-wereld, een voortdu-rende bedreiging voor de zonnegod en zijn gevolg. Hij hoort thuis in de duistere werelddiepte die overal de levende wereld omgeeft, en duikt steeds op aan de grenzen daarvan onder vele namen: Kwaadgezicht, Hij met het verscheu-rende gezicht. Apophis woont op een zandbank, zowel in de onderwereld als aan de hemel, en heeft een immens groot slangelijf. Hij slurpt al het vaarwater op waardoor de bark niet verder kan, maar door Isis' toverkracht komt

Albasten beeldgroepje uit het graf van Amenhotep II, nu in het Museum te Cairo. De farao staat tussen de goden Thot (rechts) en Horus die een plengoffer over hem uitgieten. Op de boog rond de koning staan anch-*tekens, de levenssymbolen.*

Houten kopje van Amenhotep II, gevonden in zijn graf, nu in het Museum te Cairo.

men om de zandbank heen, al duidt wel een afgrijselijk gebrul de plaats aan waar de woedende Apophis zich bevindt. Tot de helpers van de zonnegod deze boze macht vernietigen en de zonnebark veilig verder kan varen en in het twaalfde uur de dode zonnegod een nieuwe gedaante aanneemt en aan de hemel verschijnt als een scarabee.

Wat gebeurt er met de mens in het dodenrijk, in dit geval met de dode farao die meevaart op de zonnebark? Hij ondergaat er het lot van de zonnegod – ook een farao was een god – en deelt diens avonturen. En hij moet er voor zorgen dat na die gevaarlijke nachtelijke reis ook hij herboren kan worden. Voor hem speelt zich dit gebeuren af in het koningsgraf waarin dag in dag uit de regeneratie van de koning plaats heeft, zodat dit graf een soort perpetuum mobile wordt waarin zich grote mysteriën afspelen die voor ieder levend mens onzichtbaar moeten blijven. Het afsluiten en verzegelen van het graf staat hier borg voor. Het betreden van dit graf met als oogmerk roof en plundering is dus een ernstig misdrijf, want daardoor wordt het mysterie ontwijd en het voortbestaan van de koning in het hiernamaals problematisch. Op grafplundering stond de doodstraf, maar dat haalde weinig uit – de verlokking van al die onderaardse schatten was natuurlijk heel groot en zij die rond de necropolen leefden en werkten zullen wel niet al te 'angstig' zijn geweest, omdat de dood voor hen iets was waar ze dagelijks mee in aanraking kwamen.

Ook de farao moest als alle mensen zijn lichaam zo goed mogelijk laten verzorgen na de dood opdat het onveranderd kon blijven voortbestaan. Hiermee komen we bij de opvattingen omtrent leven-en-dood van de Egyptenaren. Voor hen was de dood het verval en het uiteenvallen van de fysieke en geestelijke componenten die samen de 'mens' vormen. Men kende niet onze tweeheid lichaam-ziel, maar wel een gecompliceerd samenspel van de componenten lichaam, *ba*, *ka* en schaduw. De mens in het hiernamaals weer uit die componenten samen te voegen tot één geheel, is de hoofdopgave van wat na de dood moet gebeuren. Om het lichaam voor verval te behoeden wordt de dode 'gebalsemd' en met windsels omwikkeld tot een mummie die inderdaad min of meer onvergankelijk is. Het was de

Houten koeiekop, gevonden in het graf van Amenhotep II, vermoedelijk onderdeel van een baar of rustbed. Museum te Cairo.

Over het gelaat van de mummie van Amenhotep I zit nog het mummiemasker. Museum te Cairo.

bedoeling dat in het graf door de aanwezigheid van de mummie, de vele grafbijgaven en het grafmeubilair, een voorraad voedsel en drank, één of meer beelden en de spreuken en afbeeldingen uit het *Amdoeat* of andere onderwereldboeken het regeneratieproces op gang kon komen. De mummie werd in een 'nest' kisten van hout of goud in de stenen sarcofaag geplaatst, die daarna weer werd omgeven door een stel houten, met bladgoud overtrokken schrijnen. Dit geheel stond in de grafkamer opgesteld en uit het graf van Toetanchamon weten we hoe dat gebeurd moet zijn. Helaas was door een antieke grafroof zelfs in dit graf verwarring in de volgorde van verschillende voorwerpen veroorzaakt.

Wat in het graf plaatsvindt is een soort 'vereeuwigingstechniek'. De dood hoeft allerminst overwonnen te worden

Het hoofdeinde van de sarcofaag, van geel kwartsiet, van koningin Hatsjepsoet; nu in het Museum te Cairo. Afgebeeld is de godin Isis, geknield op het teken noeb *voor goud.*

want de dood kan niet gemist worden in het de hele wereldomvattende werk van de scheppingsgod. De dood houdt tenslotte in het sterfuur de veroudering tegen en keert het proces om. Zoals de zonnegod iedere morgen weer verandert in een klein kind, zo krijgt ook de farao zijn jeugd terug en alleen de dood maakt dit wonder mogelijk. Anders zou de mens steeds maar ouder worden.

De dode betreedt het dodenrijk in de vorm van zijn mummie, dus alleen in zijn fysieke toestand. Zijn *ba*, *ka* en schaduw moeten weer worden toegevoegd om hem 'gaaf' te maken. Maar binnen al die schrijnen, kisten en windsels voelt de dode zich belemmerd en geboeid, al is die mummie de beschermende huls die hij in het dodenrijk meekreeg. In de verschillende afbeeldingen op grafwanden of papyri zal men de dode dan ook zelden in de vorm van een

De omlaaglopende kromme gang in het graf van koningin Hatsjep-soet (nr. 20 in de Vallei der Koningen).

mummie zien. Waar dit hier en daar voorkomt, gaat het alleen om een afbeelding van de mummificering en de begrafenis, die nooit die naam krijgt maar altijd eufemistisch als 'het verbergen' wordt beschreven. De zonnegod roept de dode bij naam aan om te ontwaken en dat heeft dan in twee stadia plaats: in het eerste stadium ligt de mummie op de buik gewenteld en kan de vorm van een sfinx hebben gekregen. In het tweede stadium heft hij het hoofd omhoog en wordt weer 'vlees'. Door zijn bevrijding uit de mummie keren al zijn levensfuncties terug. Daarbij heeft dan ook de vereniging met *ba*, *ka* en schaduw plaats.

Over de *ba* is heel wat geschreven en gediscussieerd, maar één ding staat vast: de *ba* is geen ziel in de betekenis die wij aan dat woord geven. De *ba* wordt afgebeeld als een vogel – de *ba*-vogel – die zich vrij kan bewegen. Ook de goden bezitten hun *ba* en die van de dode zonnegod begeleidt hem tijdens de nachtelijke reis, strijkt op het lichaam neer en verenigt zich ermee. Tijdens de reis van de zonnegod wordt hij trouwens begeleid door de *ba*'s van alle doden die zich na het uitgesproken scheppingswoord neerzetten op de doden en weer één met hen worden. Ook de plaats van de *ba* is bepaald: deze behoort bij de hemel zoals het lichaam bij de aarde behoort.

Geen moeite wordt gespaard om de dode zijn 'ruimtevaart' door het dodenrijk veilig en gemakkelijk te maken. Hij hoeft de teksten en riten niet uit het hoofd te kennen, want die staan in het graf afgebeeld met vaak kleurige en zeer levendige afbeeldingen. Op aarde zorgen de achtergeblevenen en de priesters ervoor dat voedsel en drank geofferd worden om de dode 'in leven' te houden. Maar de Egyptenaren waren realistisch genoeg om te weten dat zoiets niet eeuwig kon voortduren. Als er geen middelen meer waren om offers aan te schaffen of de familie raakte uitgestorven, zou het er voor de dode ellendig uitzien. Daarom wordt hij dan ook in het hiernamaals voorzien van alle stoffelijke noodzaken en ook deze staan afgebeeld op de grafwanden. Graan voor brood en bier wordt verbouwd op de akkers in het hiernamaals en dit verklaart de voorstellingen van de dode die ploegt, zaait en oogst. Water is er natuurlijk aanwezig; voor de dode is zelfs het drinken uit het vuurmeer genoeg om zijn dorst te lessen.

Nu is het zo dat er ook in het oude Egypte natuurlijk goede en slechte mensen bestonden. Over de slechten hield men er echter andere opvattingen op na dan wij. Slecht was hij of zij die zich had verzet tegen de 'maät' van het leven op aarde, die hen die officieel boven hen gesteld waren (ambtenaren of priesters) niet had erkend, had beledigd of uitgescholden: kortom, zij die zoals het dodenboek dat noemt 'boze dingen tegen Ra hebben geroepen'. Dit in tegenstelling tot de goeden die 'Apophis hebben bestreden en Ra aanbeden'. Voor de slechten bestond geen hoop. Ze gingen dood, hier op aarde maar ook in het hiernamaals. Op de afbeeldingen kan men hen zien, de armen op de rug geboeid, soms onthoofd, soms ondersteboven lopend of in grote potten kokend. (Vooral dit laatste heeft de mensen die na de Egyptenaren kwamen aangesproken! Als helse straf is het koken in een pot een steeds overgeleverde voorstelling die tot in de middeleeuwen voorkomt.) Het doel van de straf is niet eeuwige pijn, maar totale vernietiging, inclusief die van *ba* en *ka*. Wie in een koningsgraf zelf wil zien hoe het met de gedoemden afloopt, moet hen zoeken op het onderste van de drie registers, terwijl de 'zalige doden' zich in het bovenste register voortbewegen.

Dat er in vijf eeuwen nogal eens wat verandert in de voorstellingen spreekt voor zich. Er ontwikkelen zich nieuwe denkbeelden, andere opvattingen. Goden worden belangrijker of minder belangrijk. In de koningsgraven is de ontwikkeling van de visie op het hiernamaals duidelijk te volgen. Tot de tijd van Echnaton kent men alleen het *Amdoeat* en vinden we nog geen andere onderwereldboeken. Voorstellingen uit het *Amdoeat* staan dan als enige op de wanden van de koninklijke grafkamer, terwijl afbeeldingen van de koning en diverse goden te vinden zijn op de pijlers en in de voorkamers.

Met farao Horemheb (1321-1293 v.C.) komen er nieuwe afbeeldingen, nadat in het graf van Toetanchamon nog een klein stuk uit het *Amdoeat* was opgenomen. Nu verschijnt het *Poortenboek*, waarvan de oude naam *Helleboek* was. Er zijn nu twee nieuwe dingen te zien: Osiris heeft een gerechtshal waarin de ziel van de dode wordt gewogen, en het laatste beeld is dat van de god Noen die de zonnebark opheft uit de oerwateren. Er zijn dertig voorstellingen in totaal, waaronder ook afbeeldingen van buitenlanders en dieren, wier aanwezigheid in het hiernamaals hier voor het eerst wordt erkend. Wanneer dit boek is ontstaan is niet bekend. Mogelijk was het er al eer Echnaton aan de regering kwam en dan zou het tussen 1380 en 1360 v.C. ontstaan kunnen zijn. In de graven van Horemheb en Ramses I (1293-1291 v.C.) is het *Amdoeat* helemaal vervangen door het *Poortenboek*, maar met Ramses' opvolger Sethi I (1291-1279 v.C.) verschijnen beide boeken weer samen om in de graven van latere koningen te worden aangevuld met andere onderwereldboeken. Een daarvan is het *Holenboek*. Hier is het dodenrijk verdeeld in holen en er zijn ook geen twaalf nachtelijke uren meer als indeling maar wel twee helften. Beide helften bezitten ieder drie afdelingen. De verdeling in drie registers blijft aangehouden, maar de zonnebark is verdwenen om plaats te maken voor de zonneschijf.

In de graven van Merneptah (1212-1202 v.C.) en Taoesert (1201-1185/4 v.C.) zijn afbeeldingen uit de nachtelijke vaart van de zonnebark te vinden die niet voorkomen in oudere boeken, en een deel van deze beelden is ook te zien in het graf van Ramses VI (1141-1133 v.C.) op de lange wanden en op de beide helften van de achterwand van de grafkamer.

In het *Boek van de aarde* speelt evenals in de vorige boeken de wedergeboorte van de zonneschijf een hoofdrol, maar het chtonische aspect van de nachtelijke reis krijgt sterk de nadruk. Zo staan er figuren half in de aarde begraven, 'verborgen' dus, zoals ook de dode na zijn sterfuur 'verborgen' wordt.

Boven: Wandschildering in de ▷
sarcofaagzaal van het graf van
Amenhotep II (nr. 35): het laatste
'uur' uit het Amdoeat-*boek, de zon*
wordt rechts in de vorm van een
scarabee opnieuw geboren en daar-
onder blijft Osiris in mummiege-
daante in de onderwereld achter.

Onder: Wandschildering in het ▷
graf van Thoetmoses IV (nr. 43):
de koning wordt ontvangen door
de goden.

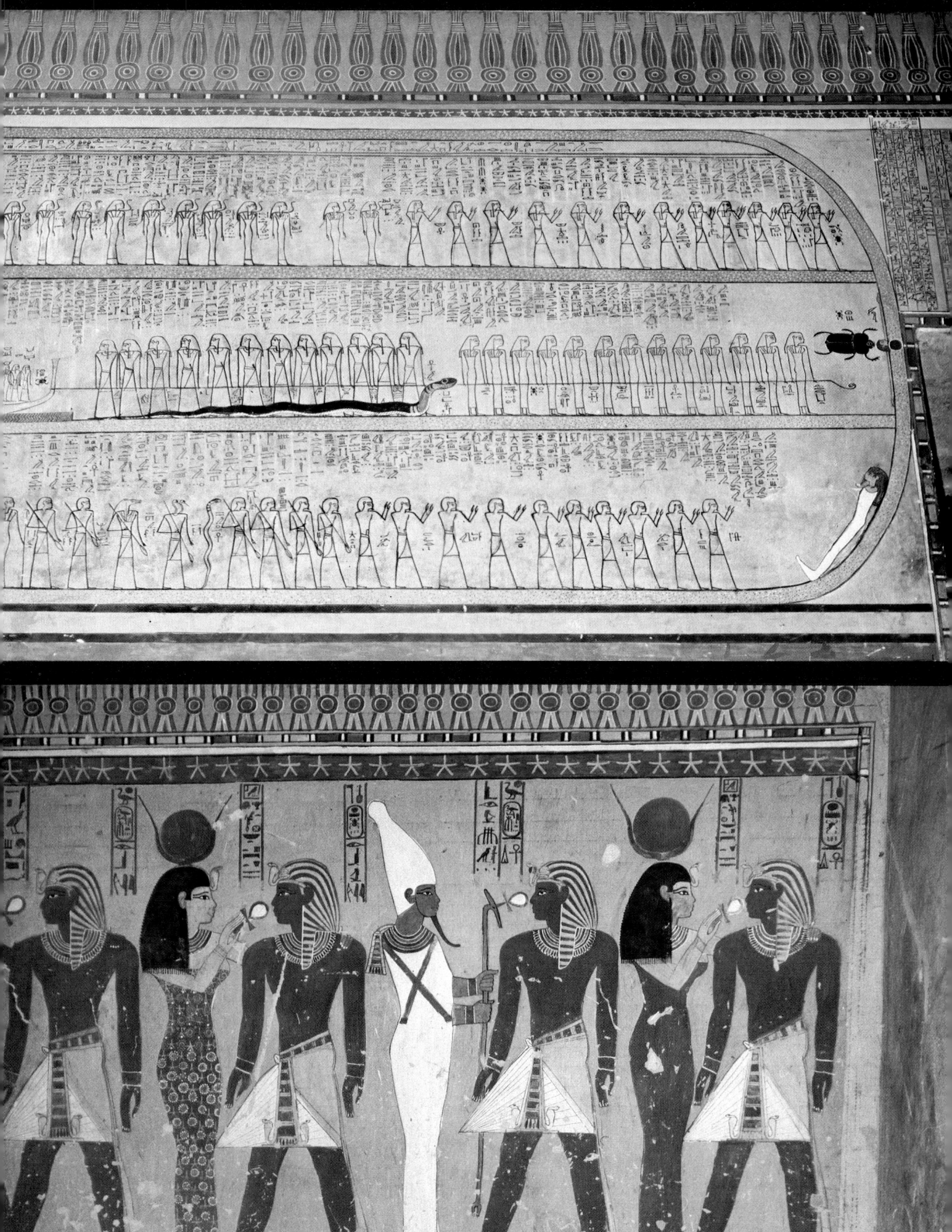

Met de 20ste dynastie – na 1182 v.C. – komt er een splitsing in de onderwereldboeken. Voortaan bestaan er de onderwereldboeken die de nachtelijke reis in de duistere diepte van de aarde situeren, en de hemelboeken die deze reis doen voeren door het lichaam van de hemelgodin Noet, beginnend bij haar mond en eindigend met de hergeboorte uit haar lichaam. Een variant, het *Boek van de nacht*, omvat de vaart door Noets lichaam maar dan met toevoeging van de poorten, plus dezelfde fenomenen die te vinden zijn in de onderwereldboeken. Het *Boek van de dag* is een soort aanvulling, te vinden in het graf van Ramses VI (1141-1133 v.C.), waarin de reis van de zon die overdag langs de hemel trekt wordt voorgesteld. De boeken van de nacht en de dag hebben dezelfde uurindeling en het 'verslinden' door Noet en de hergeboorte uit haar lichaam bij het aanbreken van de dag.

Een aparte variant vormt het *Boek van de hemelkoe*. Hierin wordt de hemel voorgesteld als een koe en de zonnebark vaart langs haar buik.

De *Zonnelitanie* tenslotte werd samengesteld uit meerdere andere litanieën. De oud-Egyptische titel luidt: *Boek van de aanbidding van Ra in het westen*, en het wordt geïllustreerd met een soort titelbeeld en vierenzeventig verschijningen van de zonnegod (Ra) die in de eerste litanie wordt aangeroepen.

Het hoofdeinde van de sarcofaag van Thoetmoses IV in zijn graf (nr. 43); een beschilderde afbeelding van de godin Nephthys.

De koning wordt een mummie

Wanneer een farao 'als een valk naar de hemel opsteeg' moet er een tijd van grote bedrijvigheid zijn ontstaan. In Egypte werd, indien maar enigszins mogelijk, iedereen gemummificeerd met het oog op het voortleven in het hiernamaals, omdat een gaaf en ongeschonden lichaam daartoe nu eenmaal absoluut noodzakelijk was. Van de farao – die zich de duurste balseming kon veroorloven – tot en met de kleine man die zich met het inspuiten van ceder- of radijsolie moest tevredenstellen om zijn lichaam voor verval te behoeden (er bleef dan niet veel meer over dan een met een huid overtrokken geraamte), kreeg iedereen te maken met de mannen die hun beroep uitoefenden in het *per-nefer* (mummiehuis) of *wabet* (huis van de reiniging). Het was overigens beslist een zeer eerzaam beroep en de mannen die het uitoefenden stonden ongeveer op voet van gelijkheid met de priesters, die zeer direct bij de 'balseming' betrokken waren daar er allerlei rituelen bij behoorden, met gebeden en toverspreuken. Heel wat minder gezien was degene die de eerste incisie maakte in de buik van de dode opdat men er de organen uit kon halen. Dat gebeurde met een ritueel mes van obsidiaan, een heel oude gewoonte die echter, hoe nodig ook om met de balseming te kunnen beginnen, het lichaam van de dode beschadigde. Volgens Herodotes, aan wie we een uitgebreide beschrijving van de balsemmethoden uit zijn tijd (5de eeuw v.C.) danken, moesten deze mannen maken dat ze wegkwamen als ze hun onaangename taak vervuld hadden, want het volk stond gereed hen te stenigen vanwege die 'misdaad'. Het hele proces van het vervaardigen van een mummie moet weinig aantrekkelijk zijn geweest, om niet te zeggen weerzinwekkend. We beschikken over genoeg inlichtingen om dat proces te kunnen volgen als het zich eenmaal tot de hoogste volmaaktheid heeft ontwikkeld. En waarom men mummies 'maakte' kunnen we ook begrijpen: de mens die op aarde leefde moest als een 'Osiris' in het hiernamaals zoveel mogelijk op zichzelf gelijken om zichzelf te kunnen blijven.

Het mummificeren is oeroud en men neemt nu wel aan dat het ontstond toen men merkte hoe dode lichamen die in het hete woestijnzand werden begraven, daarin snel uitdroogden tot wat men gevoeglijk een mummie kan noemen. Die uitdroging ligt dan ook ten grondslag aan het 'balsemen'. De mummificering was uiteraard een kostbaar procédé als het goed gebeurde. Zij die zich dat konden veroorloven waren de rijken: de koning, koningin, hovelingen, hoge priesters. Later, als er meer betaalbare mogelijkheden worden ontwikkeld, komen ook zij die niet zo rijk zijn in de gelegenheid. Maar we kunnen wel aannemen dat zij die het gros van de Egyptische bevolking uitmaakten, de boeren, meestal zonder meer werden begraven in het hete zand met wat voorwerpen, voedsel en drinken om in het hiernamaals te kunnen voortbestaan.

De oudste mummie, of liever een restant, waarover wij beschikken is een arm uit de 1ste dynastie (ca. 3000 v.C.) waar de armbanden nog omheen zitten. De volgende dateert uit de 2de dynastie (ca. 2800 v.C.) en dit is dan werkelijk een complete mummie. Maar dit lichaam heeft nog niet de uitgestrekte vorm, op de rug liggend zoals de latere. Het ligt op de zij in enigszins embryonale houding maar is wel omwikkeld met zestien lagen bandages.

Een ostracon met een duidelijke afbeelding van de bijzetting van een mummie is natuurlijk een waardevolle bron van inlichtingen. Maar ook blijkt dat het vervoer van de zware lijkkisten wel eens aanleiding zal hebben gegeven tot minder eerbiedige tonelen wanneer er smalle en steile trappen of gangen waren. Een graf als dat van Thoetmoses III, hoog boven de begane grond, moet speciale voorzieningen hebben gehad om de mummie op zijn plaats te krijgen, en hoe heeft men dat gedaan? Werd de kist opgehesen met kabels? Maakte men misschien een hellende opgang die later weer verwijderd werd? We kunnen er slechts naar gissen. Maar van het vervoer van niet-koninklijke mummiekisten bestaan genoeg afbeeldingen om er een goed beeld van te geven. De mummiekist werd dan gedragen door zoveel mannen als er nodig waren.

Wat er precies gebeurde als iemand – in ons geval de koning – overleden was weten we niet. Hoe lang bleef het lichaam in de eigen omgeving? Maar onherroepelijk kwam dan toch de dag dat de dode naar het mummificerings-centrum werd gebracht, en wat daar plaatsvond is wel bekend. Het lichaam werd ontkleed en op een grote houten plank gelegd voor de behandeling. Er bestaan twee (beschadigde) papyri die ons daarover inlichten. De eerste is de papyrus 3 van Boelak die in het museum van Cairo wordt bewaard. De tweede draagt nummer 5158 en berust in het

◁ Wandschildering in de sarcofaagkamer van het graf van Ramses I
(nr. 16): de farao offert aan de god
Nefertem; achter de god het symbool
van de godin Isis.

Boven: Gedeeltelijk afgewerkte
reliëfwand in het graf van Horemheb (nr. 57).

Onder: In de zaal naast de sarcofaagkamer van het graf van Sethi
I (nr. 17) loopt langs de wanden
een soort stenen tafel; in de nissen
hieronder zijn nijlpaardekoppen
van rustbedden afgebeeld. Op de
achterwand voorstellingen uit het
'achtste uur' van het Amdoeat.

Louvre. Deze is ernstiger beschadigd dan die van Boelak en bevat de laatste pagina's van deze. Het aardige is dat deze door een balsemer gebruikt moet zijn, want die heeft er talloze notities en opmerkingen bij geschreven: een soort geheugensteuntje dus. Beide papyri zijn laat, daterend van omstreeks het begin van onze jaartelling, maar ze zijn kopieën van een dergelijk geschrift uit het Nieuwe Rijk. Beide papyri samen vormen wat men noemt 'Het ritueel van de balseming'. De tekst is verdeeld in paragrafen met een titel in rode inkt. Iedere paragraaf bestaat uit twee delen. Het eerste deel behelst de te volgen techniek, het tweede geeft rituele spreuken die moeten worden geciteerd tijdens de bezigheden. Er zijn tien paragrafen die de volgorde der handelingen aangeven: zalving en wijding van het hoofd; parfumeren van het lichaam met uitzondering van het hoofd; het bijzetten van de organen in een canope; het prepareren van de rug door deze te masseren met olie en het begin van de eerste omwikkeling; een technische aanwijzing hoe men er voor moet zorgen dat de zich in het lichaam bevindende vloeistoffen niet weglopen; het bevestigen van de gouden doppen aan vingers en tenen; de laatste zalving en het omwikkelen van het hoofd; de eerste omwikkeling van de handen; de laatste omwikkeling van de handen; zalving en omwikkeling van de benen.

Hoe moet een 'mummiemakerij' er hebben uitgezien? Ongetwijfeld was het een weinig verheffende aangelegenheid, hetgeen wel bewezen is door enkele vondsten. Zo vond men bij de dodentempel van koningin Hatsjepsoet de resten van een gebouw van tichels dat ongetwijfeld voor een of andere mummificatie gebruikt moet zijn, want de grond lag er vol zaken die bij een balseming onmisbaar waren: zakken met droge natron, potten vol gehakt stro, een paar gebroken houten baren en amuletten. In 1972 vonden Belgische opgravers een dergelijke werkplaats bij het graf van het hoofd van de administratie van Thebe, Aba, die leefde in de 6de eeuw v.C.. Daarin stonden zeven grote potten. Er lagen ook windsels en geurmiddelen en alles bijeen was wel voldoende om vast te stellen dat hier de werkplaats lag waar de mummie van Aba vervaardigd was.

Dat de mannen die belast waren met het balsemen van een dode, en zeker als het een koning was, zeer belangrijk waren spreekt vanzelf, want mede van hun werk hing het voortbestaan na de dood af. Van hen was de man die de eerste snede in het dode lichaam maakte de belangrijkste. Hij haalde er ook de ingewanden uit. In latere tijden droeg hij de Griekse titel *paraschist*. De tweede man was de *taricheut* ('pekelaar') die het conservatiewerk inleidde. Het is wat navrant dat ook pekelaars van vis de naam *taricheut* droegen. De Egytenaren zelf noemden de pekelaar keurig *khereb*, voorlezer. Hij had niet alleen de taak om een mummie te vervaardigen, maar ook las hij de rituele teksten op die bij iedere handeling hoorden.

Een tekst vertelt van de balsemers: 'De vingers van de balsemer stinken zo dat men er misselijk van wordt, want het is de lucht van kadavers'. De balsemers van een dode farao zullen er wel niet veel beter aan toe zijn geweest en zij waren om zo te zeggen de eersten die aan zijn dood gingen verdienen. Het aantal mensen dat direct bij de dood van een koning betrokken was is reusachtig: zij die het graf aanlegden en versierden, de meubelmakers, pottenbakkers, goudsmeden, wevers en ververs, tuinmannen (voor de parken bij de dodentempels), priesters en hun bedienden, muzikanten, klaagvrouwen, dragers-van-doodkisten, bewakers en politie, enz., enz.. Het aantal schrijvers dat zich bezighield met het be- en opschrijven van al dat werk moet eveneens zeer groot zijn geweest. Doodgaan in Egypte betekende brood op de plank voor heel veel mensen.

We zagen al dat het mummificeren een hoogtepunt bereikte in de tijd waarin de koningen hun graf kregen in de Vallei der Koningen. Behalve de reeds genoemde handelingen was de volgende volgorde geldend voor 1edere mummificerg: eerst werden de hersens uit de schedel verwijderd met een bronzen haak. Daarna werden de organen verwijderd en het lichaam voor de eerste keer goed gewassen. De organen werden behandeld om goed te kunnen blijven. Het lichaam werd door middel van droge natron (een langdurig proces) zo volkomen mogelijk uitgedroogd, want alleen dit garandeerde een 'eeuwig' voortbestaan van de mummie. Na het uitdrogen werd het lichaam opnieuw heel zorgvuldig gewassen. Vervolgens werden de schedel en de lichaamsholten opgevuld. Dan kwamen de nagels, de ogen en de genitaliën aan de beurt. Na de uitdroging en de voorgaande handelingen werd het lichaam gezalfd en gemasseerd opdat de uitgedroogde huid zo soepel mogelijk werd. De snede in de buik werd vervolgens óf dichtgenaaid óf met gesmolten was 'verzegeld'. Soms werd er een gouden plaat over de incisie gelegd. Eer met het omwikkelen werd begonnen, werd het lichaam nogmaals zorgvuldig bekeken en met hars behandeld, waarna het moeilijke inwikkelen begon waarvoor honderden meters smalle bandages werden gebruikt. Amuletten werden mee ingewikkeld en vaak moesten de buitenste windsels een mooi patroon vormen. Tenslotte werd de hele mummie in een fijne linnen doek gehuld en in de kist gelegd. In de kist werd over het hoofd een masker gestulpt, vaak van goud, zoals we dat kennen van Toetanchamon. Dit masker was min of meer een portret van de dode, maar dan een ideaal portret, jong en mooi.

Diep buigende 'zielen' op een schildering in het graf van Thoetmoses

III. Met een minimum aan lijnen is deze voorstelling uit het 'derde

uur' van de nacht in het Amdoeat*boek weergegeven.*

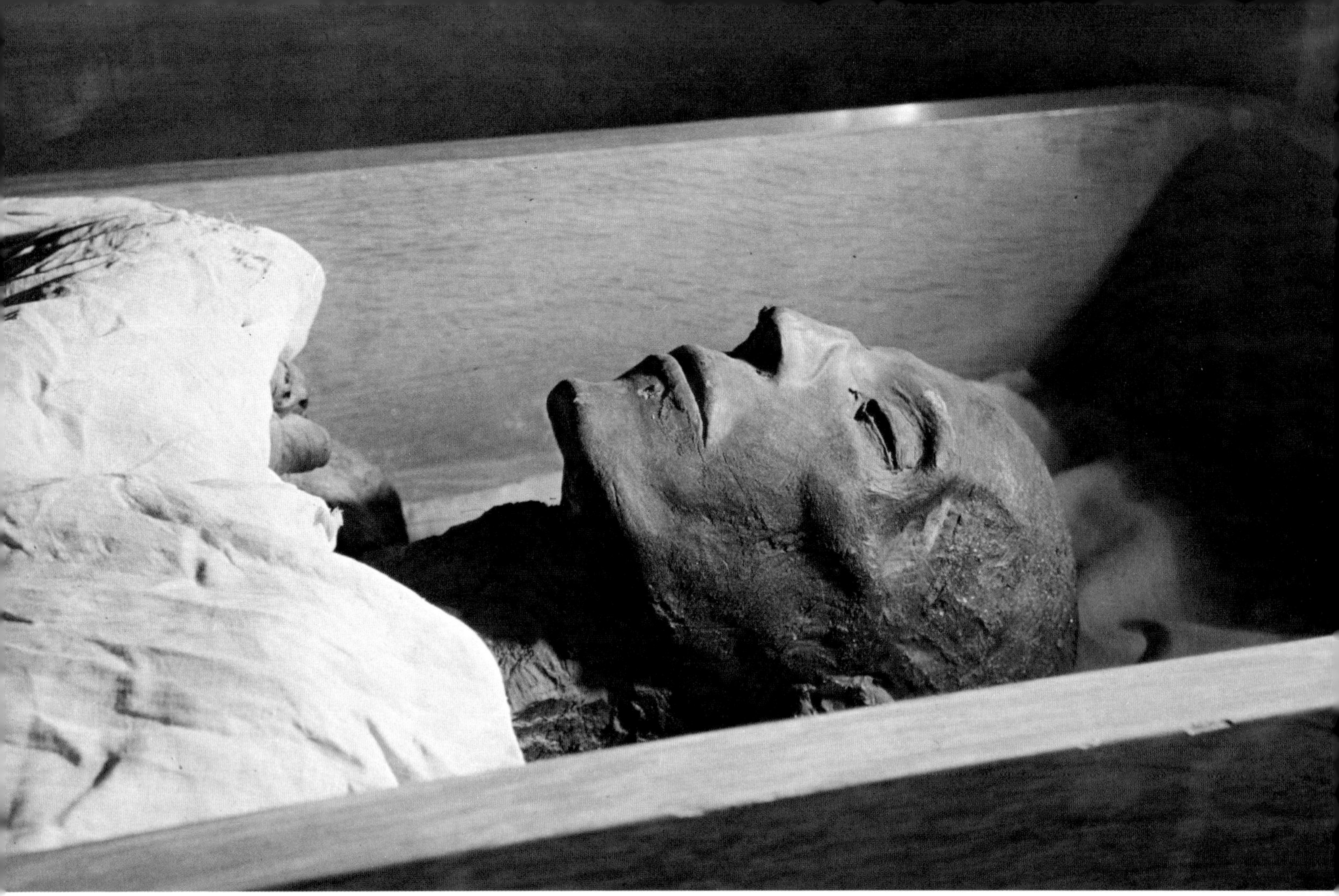
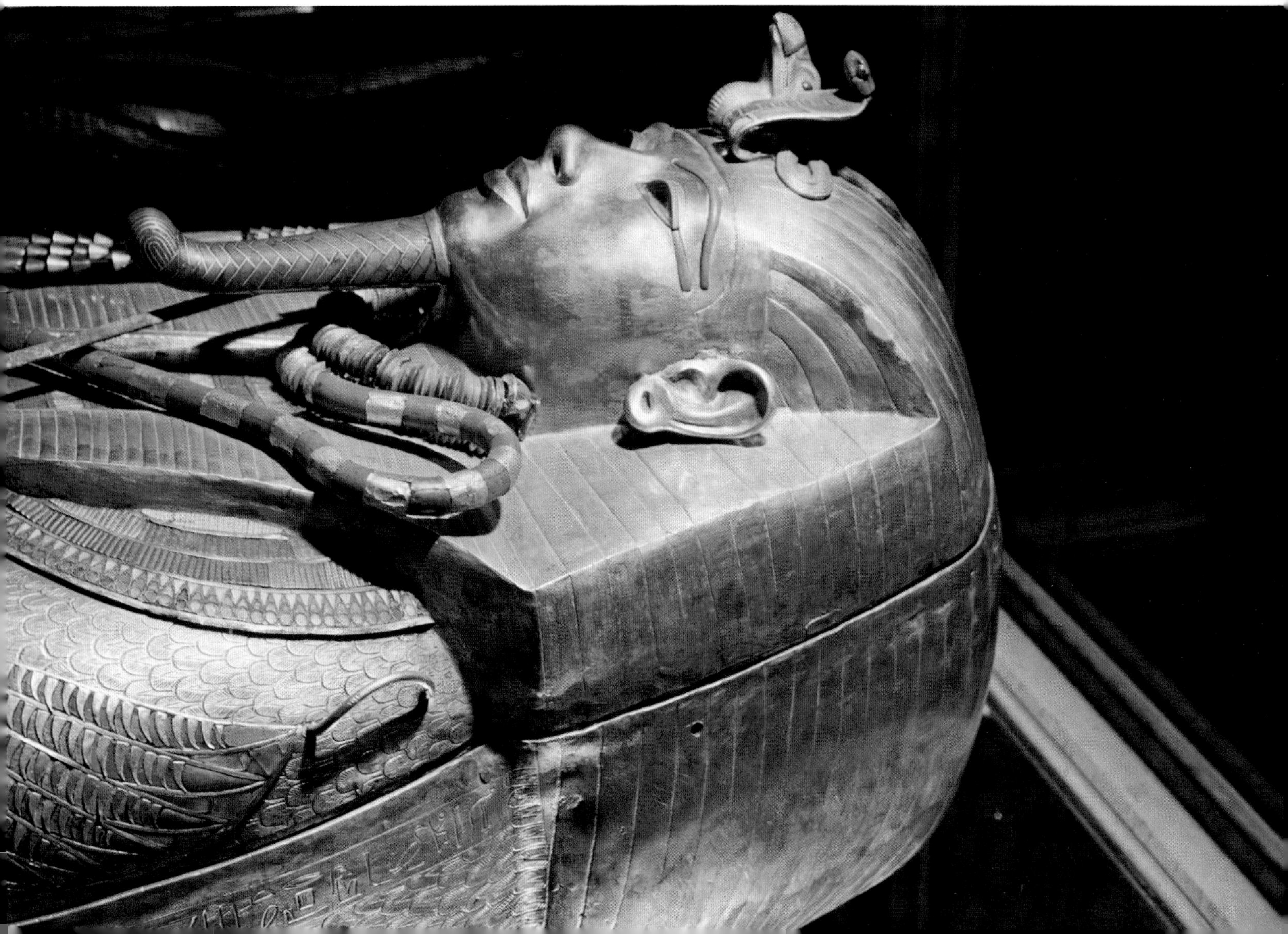

De tocht naar het graf

Of men nu een gewone burger was of farao, de hoogste van het land: de dag dat de dood toesloeg was de dag waarop een geweldig tumult ontstond, een vertoon van verdriet dat men zelfs heden ten dage nog kan meemaken in Egypte, waar het tijdperk der farao's nog altijd niet helemaal vergeten is. De rouwtijd duurde lang, tot de bijzetting van de dode na een periode van een dag of zeventig. De schelle kreten die een sterfgeval aankondigden klinken nu nog net zo in Zuid-Egypte als toen de Eerste Gemalin deze aanhief wanneer de farao een Osiris was geworden. Stof van de straat of klei van de rivier werden over het hoofd gesmeerd, en ook de kleren werden vuil en bleven dat. Mannen mochten zich als teken van rouw niet scheren, zelfs de koning niet. Er is een ostracon waarop een haastig geschetst portretje van Echnaton staat met een ongeschoren gezicht. Men wil er nog wel eens een karikatuur in zien dat toont dat de farao het met zijn toiletmaken zo nauw niet nam. Logischer is dat hij hier tijdens een rouwperiode is afgebeeld, want hij en koningin Nefertiti verloren verscheidene kinderen. Rouw betekende ook weinig lekker eten, want tot de begrafenis was het de gewoonte alleen de meest noodzakelijke dingen tot zich te nemen. Bewaard gebleven is een brief van een man die het wel heel ernstig opvat: 'En als je sterft zal ik acht maanden doorbrengen zonder te eten en te drinken, zoals het een goede echtgenoot betaamt'. Die man moet wel erg veel van zijn vrouw gehouden hebben dat hij haar dit schrijft . . .

Was rouw voor een gewoon mens al een ernstige aangelegenheid, bij de dood van de koning moet het hele leven ondersteboven zijn gekeerd, want die trof elke onderdaan. Er werden op rituele wijze kleren verscheurd; er werd gezongen en gebeden. Men wreef zich in met modder en stof, at zeventig dagen lang geen vlees en dronk geen wijn. Een bad, parfums, ja, zelfs de liefde was een verboden zaak.

De zeventig dagen voor de mummificering had men waarachtig wel nodig om alles in orde te brengen. Het graf moest worden gecontroleerd. Stond alles er in? Waren er voldoende kleren en wapens, meubels en kisten vol kostbare zaken, tapijten en scheepsmodellen? Voedsel en dranken moesten worden aangevoerd en op de bestemde plaats neergezet. Men moest de meer persoonlijke bezittingen die een dode graag als souvenirs van zijn aardse leven zou willen meenemen naar het hiernamaals, uitzoeken en in het graf plaatsen. Daar kon speelgoed bij zijn, rijtuigen, speciale wapens en familieherinneringen. Toetanchamon nam in zijn graf een krullende haarlok van koningin Teje mee.

De begrafenisriten waren langdurig en ingewikkeld. Ze zijn vaak oeroud en er bestaan talloze afbeeldingen van die soms ware stripverhalen vormen waar iedereen bij naam staat aangekondigd, vaak zelfs wat die of die gezegd heeft. Bij die riten staat ieder gebaar, iedere tekst vast en het ritueel van het 'openen van de mond' is daarbij wel een der voornaamste. Dit 'openen van de mond' gebeurde natuurlijk niet in werkelijkheid. De mummie werd hierbij overeind gezet en een *sem*-priester van Ptah volvoerde dit ritueel, met de luipaardhuid bekleed en voorzien van alle voorwerpen die bij het ritueel nodig waren: een merkwaardig gevormd instrument om de mond te 'openen', messen, scharen, een gouden vinger, gewijde ceintuurs en vele soorten zalven. Niet alleen de mond werd bij dit ritueel 'geopend' maar ook de andere openingen in het hoofd. De bedoeling was dat de *ka*, de vitaliteit van de dode, in zijn lichaam zou terugkeren als het ritueel aan de ingang van het graf plaats had. Het was een oeroud gebruik, een magische handeling, die oorspronkelijk werd gebruikt voor het 'levend' maken van goddelijke en koninklijke beelden, waarna de geest door de geopende mond kon binnengaan. Na het openen van de mond werd er met wijwater gereinigd en omkringelde wierook de mummiekist. De *sem*-priester had dan de gouden vinger zogenaamd in de mond gestoken en een tros druiven en een beker wijn waren aangeboden. Struisveren waaiers woeien de dode koelte

*Wandschildering in het graf van
Thoetmoses IV: de koning staande*

*voor de godin Hathor; achter hem
de dodengod Osiris in mummiegedaante.*

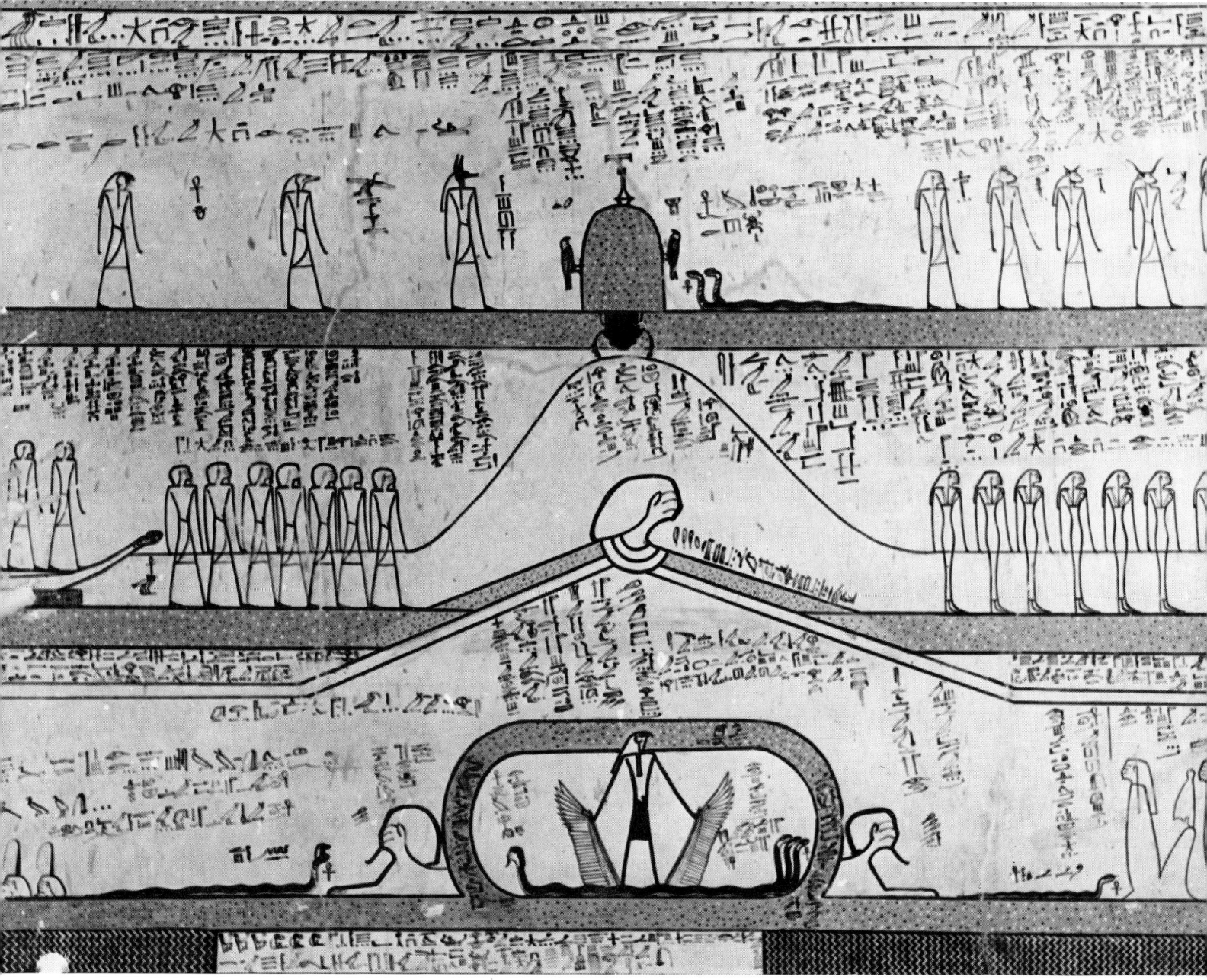

Het 'vijfde uur' van de nacht uit het Amdoeat: *schildering in het graf van Thoetmoses III (nr. 34). Duidelijk zijn de drie registers te onderscheiden met de vaart van de zonneboot in het midden (links).*

toe en alle levensfuncties waren nu teruggekeerd. Vervolgens kon de mummie met de familie en alle aanwezigen deelnemen aan het begrafenismaal, waarna de treurenden naar hun eigen levende wereld terugkeerden. De farao bleef achter in zijn prachtige graf, naar men aannam veilig binnen de verzegelde door- en ingangen, onder een aardstorting van tonnen puin die zijn graf voor rovers verbergen moest.

Maar eer het zo ver was had men de mummie in zijn loodzware kisten moeten vervoeren van de mummificatieplaats naar het graf in de Vallei der Koningen en dit moet een langdurige geschiedenis zijn geweest want de weg was meestal lang. De dodentempel die het verste van de vallei lag is die van Ramses III in Medinet Haboe, de dichtstbij liggende was die van Sethi I. Talloze rituelen, gebeden en gezangen moeten bij die gelegenheden zijn uitgevoerd. De stoet opende met een *sem*-priester die plengoffers uitgoot uit mooie vazen. Na hem volgden mannen die grote bladen en tafels droegen met kruiken vol olie, wijn en bier; broden en koeken, groenten en fruit waren kunstig opgestapeld tot prachtige offers. Gevogelte, bouten van antilopen, kwart ossen behoorden er eveneens toe. Dan volgden zij die de houten doos met de oesjebti's droegen en eerst dan kwam het hoofdbestanddeel van de eindeloze stoet: de katafalk met de mummiekist.

De voorkamer van het graf van
Thoetmoses III. In de hoek de oorspronkelijk zeker verborgen trap
naar de grafkamer. In deze voorkamer staan 241 godheden afgebeeld
– voorstellingen uit het Amdoeatboek.

Detail van een schildering op een
der pijlers in de grafkamer van
Thoetmoses III: een voorstelling
uit de Zonnelitanie met aanroepingen tot de zonnegod. De 66ste figuur
bij deze aanroepingen is een kater.

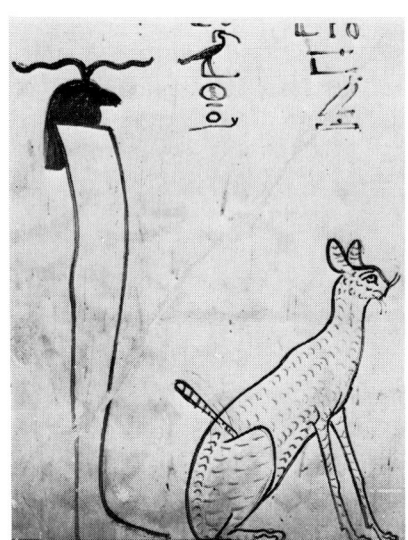

Bovenhoek van de schacht in het
graf van Thoetmoses III, met de
niet gereedgekomen decoratie.

Doorzicht vanuit de voorkamer over de schacht (met planker en hek) naar de ingang, in het graf van Thoetmoses III.

De eerste trap en gang in het graf van Thoetmoses III.

In de voorkamer van het graf van Thoetmoses III beginnen de zuilen los te raken van het plafond onder de inwendige druk binnen de berg. Dit is één voorbeeld van het schrikbarende verval der koningsgraven. Op de pijler is een ruitpatroon aangebracht, de eerste schets voor een niet voltooide decoratie.

*Schildering op één van de pijlers
in de grafkamer van Thoetmoses*

*III: de koning wordt gezoogd door
zijn 'moeder' Isis als boomgodin.*

De hand van de hemelgodin Noet aan de binnenzijde van de sarcofaag van Thoetmoses III.

Schildering in de grafkamer van Thoetmoses III. Deze voorstelling komt voor in het elfde uur van het Amdoeat. Boven links een twee-hoofdige godheid (o.a. de Heer van de Tijd) met tussen zijn hoofden de zonneschijf. Voor hem de god Atoem die de vleugels vasthoudt van de slang die 'de Kijkende' wordt genoemd. Daarvoor de elf sterren van de elf verlopen uren met ertussen een godin op een slang, de personificatie van de tijd. Onder de gespikkelde band het zonneschip met de zonnegod binnen een be-schermende slang. Men lette op de twee linkse figuren die elk twee goden (naast elkaar) voorstellen. Opvallend is het bereiken van zoveel effect met een zo sobere lijnvoering. Het water waarop de zonneboot vaart wordt weergegeven door zigzaglijnen.

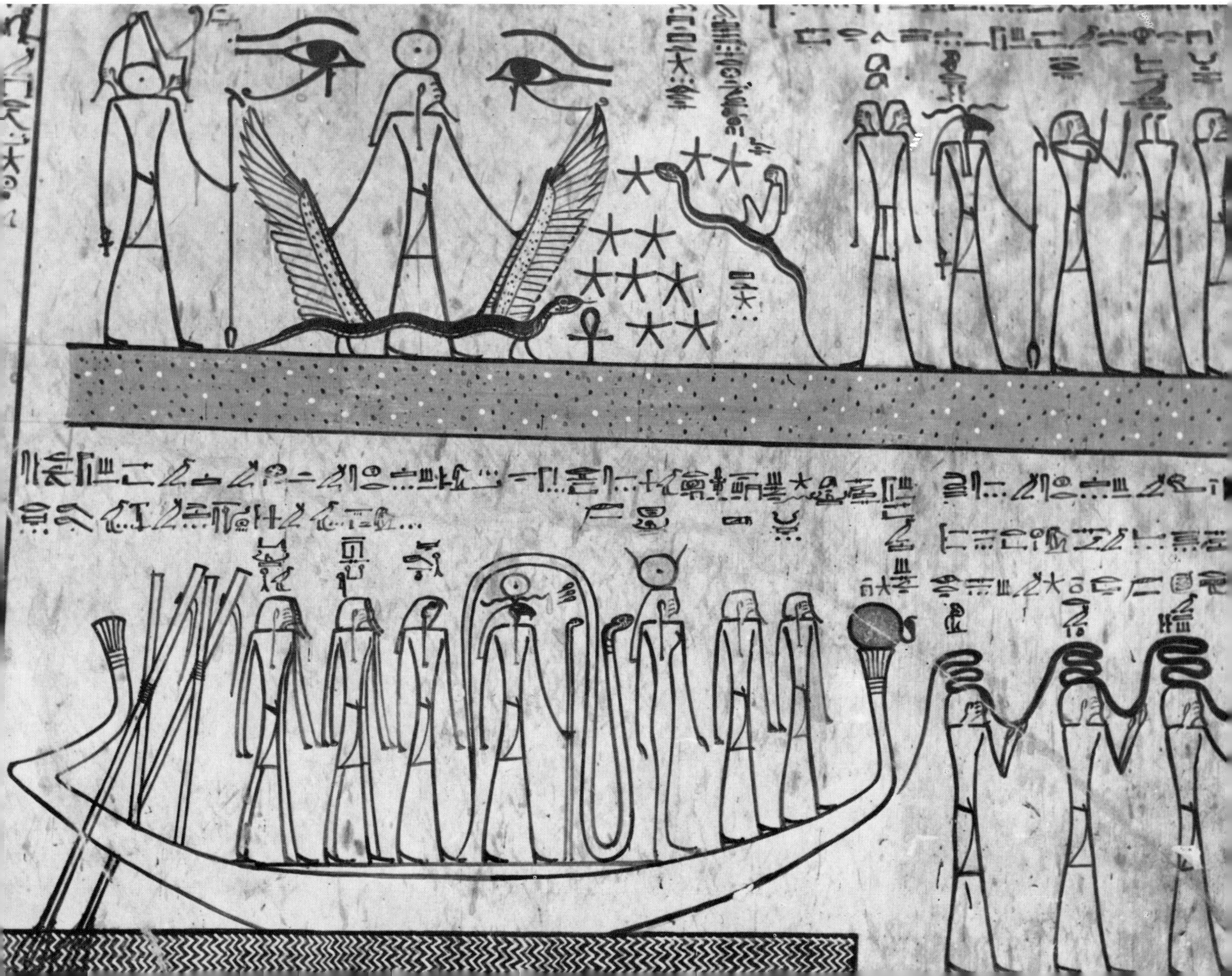

Boven: Mummiemasker van Joeya, de schoonvader van Amenhotep III, gevonden in zijn graf (nr. 46). Museum te Cairo.

Links: De ingang van het graf van Joeya en Toeya (nr. 46).

Rechtsboven: De sarcofaag-zaal in ▷ het zwaar beschadigde graf van Amenhotep III (nr. 22). Op de vloer een fragment van de sarcofaagdeksel.

Rechtsonder: Ook het graf van Eje ▷ (nr. 23) is zeer beschadigd: de vier zonen van Horus bij een offertafel.

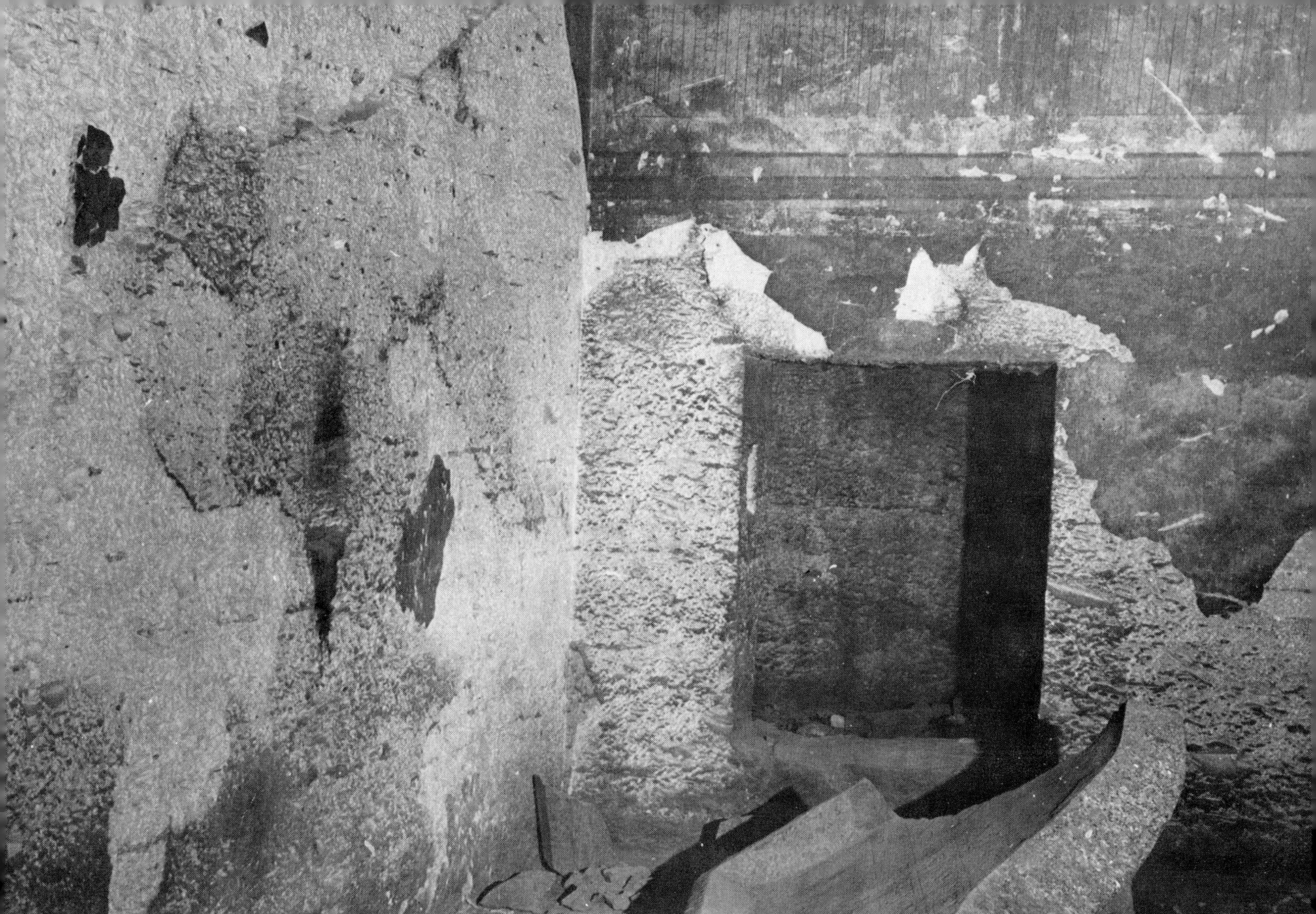

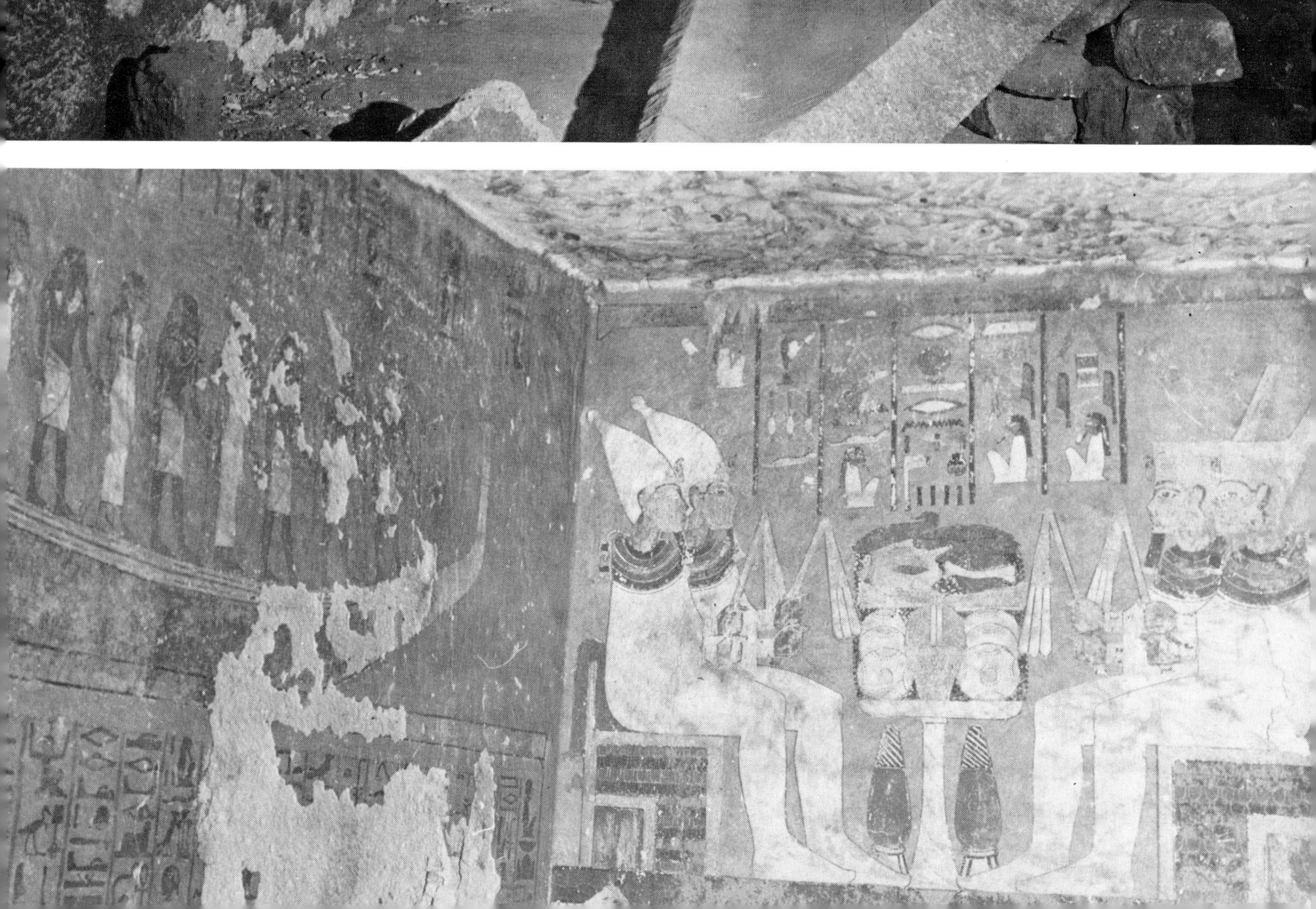

Boven: Detail van de canopen-
schrijn van Toetanchamon. Links
een beeldje van de godin Isis, rechts

van de godin Neith. De schrijn is
van hout overtrokken met bladgoud.
Museum te Cairo.

Rechts: Albasten vazen uit het graf ▷
van Toetanchamon. Museum te
Cairo.

De katafalk stond op een houten slede die werd voortgetrokken door vier witte ossen. Een tweede slee volgde met de kist waarin de canopen stonden. Priesters in wit linnen liepen achter beide sleden en klaagvrouwen met blote borsten, die ze tot bloedens kapot krabden, liepen achter de priesters en vervulden de lucht met gejammer en gegil. Achter hen kwamen familie en vrienden, waarvan de vrouwen lange doorschijnende sluiers droegen. De weduwe droeg een haarnet waaraan ze te herkennen was, en allen droegen om het voorhoofd een witte band die in de nek was vastgeknoopt.

Zulke koninklijke begrafenisstoeten die voorttrokken langs de goudgele bergen die de weg naar de Vallei der Koningen insluiten, moeten zeer lang geweest zijn en eer men het graf bereikte was een groot deel van de dag wel verstreken. Het moeilijkste werk tenslotte was het neerlaten van de in zijn houten kisten geborgen mummie naar de grafkamer. Vooral in de graven van de 18de dynastie met de diepe en in een bocht verlopende ruimten moet dit heel wat van de mannen die daarmee belast waren gevergd hebben. Waar een mummiekist bij een 'gewone' begrafenis al vier sterke mannen vereiste, zoals op een voorstelling te zien is, daar moet een koningsmummie door tientallen mannen zijn gedragen die met een ingewikkeld systeem van remmende touwen de kist omlaag hebben doen zakken.

Buiten ging inmiddels het begrafenismaal voort waarvoor het beste maar net goed genoeg was. Van Toetanchamons begrafenismaal zijn de resten gevonden. Kluiven van bouten, botten van gevogelte en lege drankkruiken zijn gevonden op enige afstand van zijn graf. Al het voedsel zat in grote aarden kruiken. Wat zich in de diepte van het graf afspeelde werd bijgewoond door vele priesters en de familie. Uit het graf van Toetanchamon weten we wat er

Boven links: Het gouden masker
van Toetanchamon. Museum te
Cairo.

Boven rechts: Deksel van een van
de canopen die werden gevonden
in graf nr. 55 waar de mummie
van Smenchkare werd aangetroffen.
Museum te Cairo.

Rechts: Albasten deksel van een
canope uit het graf van Toetanchamon. Ogen en mond zijn beschilderd. Museum te Cairo.

◁ Links: Kop van een beschilderde
houten torso van Toetanchamon.
De bedoeling van dit vrijwel levens-
grote beeld is niet duidelijk. Men
heeft wel gedacht dat het bestemd
was om er kleren en/of juwelen
over te hangen. Museum te Cairo.

allemaal gebeuren moest eer de dode koning eindelijk zijn laatste rustplaats had bereikt. Het gewicht van de gouden en de met goud beslagen mummiekisten waarin de mummie rustte, moest worden voortgesleept naar de stenen sarcofaag die al vanaf de bouw van het graf gereed stond. Daarna moest men de mummiekisten optillen en ze daarin neerlaten – wat in die kleine ruimte onvoorstelbaar moeilijk moet zijn geweest. Wanneer de houten (gouden) kisten in de stenen sarcofaag lagen, moest daarop het loodzware stenen deksel worden geplaatst en vastgemaakt. Daarna werden de met goud beslagen houten schrijnen een voor een gesloten en verzegeld wat ook met langdurige rituelen gepaard ging. Daarna was er het dichtmetselen van de grafkamer en het sluiten en verzegelen van de deuren in de doorgangen en bij de trappen tot tenslotte het laatste ritueel aanbrak: het sluiten van het graf zelf en het aanbrengen van de zegels van de koninklijke necropolis. Eerst als het laatste puin was neergerold over de grafingang kon men de farao als veilig bijgezet beschouwen. Beneden in het diepe duister lag de mummie, in goud gevat en beschermd door de beschuttende vleugels van Isis en Nephthys die de sarcofaag omvatten, naar men hoopte voor eeuwig ongestoord en voortlevend gedurende 'miljoenen jaren' zoals men zo graag geloofde. In werkelijkheid wachtte hij echter op de vroege of late komst van begerige grafrovers, azend op al dat onderaardse goud en met zo weinig eerbied voor de grote heersers dat ze er geen been zagen om de mummies te vernielen op zoek naar kostbaarheden, indien de windsels niet genoeg hadden opgeleverd. Het werk van die grafrovers is nu nog af te lezen van de koningsmummies in het museum. En men moet er niet aan denken hoe ze er zouden hebben uitgezien als de vrome priesters van de 21ste dynastie hen niet zouden hebben verzameld, weer ingewikkeld, opnieuw in kisten hebben gelegd met een labeltje om te vertellen om wiens mummie het hier ging. Alleen Toetanchamon ontging dit lot en als enige farao mocht hij na een aantal wetenschappelijke onderzoekingen blijven liggen in het graf dat mogelijk niet eens oorspronkelijk het zijne is. Het gouden masker ligt nog over de doek die de mummie omhuld. En dag in dag uit komen de vreemdelingen van over de hele wereld naar hem kijken . . .

Schildering op de zuidelijke wand van het graf van Toetanchamon (nr. 62). Hoogwaardigheidsbekle- ders trekken de katafalk met de mummiekist van de farao op een slede voort. Op de wand links ver- richt 's konings opvolger Eje de rituele handeling van 'het openen van de mond en de ogen'.

Hoe gezond was farao?

Toen Thoetmoses IV in 1386 v.C. overleed, zal hij zeker nooit hebben kunnen voorzien dat hij eens – als mummie – 3289 jaren later in een taxi zou rijden! En dat omdat het nieuwe röntgenapparaat in het grote ziekenhuis van Cairo zo groot was dat men het bezwaarlijk naar het museum kon vervoeren (waar Thoetmoses toen en nu domicilie had) om er de vorstelijke mummie mee door te lichten op zoek naar bijzonderheden. Dat röntgenapparaat had men in 1903 aangekocht en was voor het Egypte van die tijd een grote nieuwigheid.

Het onderzoek van koninklijke en andere mummies kwam in het begin van onze eeuw goed op gang, al hadden nieuwsgierige wetenschappers natuurlijk al lang daarvoor de nodige mummies van hun windsels ontdaan om te kijken wat er onder en tussen zat. Een groot man op het gebied van dit onderzoek was Sir Max Armand Ruffer, die als hoogleraar aan de medische faculteit van de universiteit van Cairo kennis maakte met de vele mummies die daar in het medische museum aanwezig zijn. Hij begon met belangrijke onderzoekingen en ontdekte heel wat! Als eerste vond hij bilharzia bij vele mummies en hij onderzocht zelfs de incest van de koningen die trouwden met hun eigen zusters. De verschijnselen die zich bij hun nakomelingen voordeden zijn door hem met voor die tijd grote nauwkeurigheid nagetrokken.

Het onderzoeken van mummies werd snel populair. Niet in het minst door de gegevens die dat opleverde voor talloze griezelboeken en zelfs griezelfilms, waarvoor vooral de mummie van Ramses III werd 'misbruikt'. Hij is meermalen heel fraai nagemaakt in Hollywood en was goed voor ontelbare rillingen over de rug in alle bioscopen ter wereld. Meestal bleef zo'n onderzoek beperkt tot het uitwikkelen van de mummie. De koningsmummies in het Museum van Cairo zijn allemaal uitgekleed tot op hun blote vel, waarna men hen discreet in een antieke wade hulde en in een eikehouten kist met spiegelglazen deksel te kijk legde voor het publiek, dat het er kennelijk nog vaak moeilijk mee heeft. Er zijn dan ook echte griezels bij maar ook indrukwekkend mooie.

Het mummieonderzoek werd begonnen door Maspero, die op 1 juni 1886 de mummie van Ramses II uitwikkelde. Dergelijke onderzoeken moeten een soort van vermaak op hoog niveau zijn geweest, waarover plechtige processen-verbaal werden opgemaakt die nu op zijn zachtst gezegd merkwaardig aandoen. Toen Thoetmoses IV na zijn taxirit in de onderzoekkamer stond opgesteld werden er niet minder dan vijfentwintig VIPS geïnviteerd om 'mee te doen'. Daaronder waren ook een paar toevallig in Egypte verblijvende 'belangrijke', dat wil zeggen heel rijke toeristen. In 1939 was dat getal al gedaald tot vier toen de mummie van prinses Sit-Amon werd onderzocht.

Het verslag van Maspero betreffende Ramses II (die toen nog heel duidelijk een naam had als megalomane farao) is lang en fraai van taal. Een aantal opmerkingen eruit wijzen er beter dan wat ook op hoe subjectief zo'n wetenschappelijk onderzoek in die tijd vaak was: 'Toen deze laatste windsels waren weggenomen, verscheen Ramses II. Hij is groot (1,72 meter na de balseming), goed gevormd en volmaakt symmetrisch. Het hoofd is lang en klein in vergelijking met het lichaam. Het bovenste deel van de schedel is geheel kaal . . . Het voorhoofd is laag, smal, de wenkbrauwbogen steken sterk naar voren . . . het oog is klein en staat dicht bij de neus die lang, dun en gebogen is als die van de Bourbons (!) . . .

Resumé: het masker van de mummie geeft genoegzaam het idee dat het het masker van een levende farao is; het heeft een uitdrukking van geringe intelligentie, misschien zelfs wat dierlijk (!), maar is wel trots en obstinaat.'

Als men dit vergelijkt (het gaat hier om een eindeloos verslag waaruit een paar zinnen zijn gelicht) met een modern rapport, dan zien we pas wat er bij zo'n onderzoek allemaal veranderd is. Op 1 februari 1973 werd de beroemde Pum II (bijnaam van een mummie uit het bezit van het *Pennsylvania University Museum*) onderzocht waarbij de laatste snufjes op het gebied van wetenschap en technologie werden gebruikt. Nog nooit werd een mummie zo grondig onderzocht; meer dan duizend foto's hebben dit gebeuren vastgelegd en het verslag is honderd keer zo lang als dat van Ramses II.

In 1898 ontdekte Röntgen de naar hem genoemde stralen en sir William Flinders Petrie onderzocht drie jaar later daarmee als eerste de voeten en benen van een mummie. Het meest recente grootscheepse mummieonderzoek in Cairo betrof de koninklijke mummies en dat was vooral gericht op het onderzoek van de tanden, dus het hoofd. We danken er overigens een voortreffelijk stel röntgenfoto's van de hele mummie aan, want ook die werden indien enigszins mogelijk genomen. Dit onderzoek had in 1971 plaats. In 1967 werden de mummies van het Leidse Museum van Oudheden eveneens onderzocht.

Het onderzoek naar de gezondheids- en lichaamstoestand van de diverse farao's heeft ons aardig wat geleerd. Zo is er volkomen afgerekend met de nog altijd geuite bewering dat koning Merneptah de farao zou zijn geweest die volgens het bijbelse verhaal in de Rode Zee verdronk. Deze 'verdronken' farao ligt gaaf en wel in zijn kist in Cairo en is niet verdronken. De vele witte vlekken op zijn huid hebben de bewering altijd een grond van waarheid moeten geven: 'Alsjeblieft, dáár zit het zout!' Jammer voor het verhaal is dat zout gebleken natron te zijn. Kennelijk is de mummie na de dehydratie niet zorgvuldig genoeg schoongemaakt om de laatste natronsporen te verwijderen.

Een onderzoek dat veel wetenswaardigheden heeft opgeleverd is het weefselonderzoek onder de microscoop. Bij de mummies blijkt de huid een groot deel van de bouw te hebben behouden, al is de opperhuid vaak verdwenen. Kraakbeen is geheel intact en de spieren vertonen nog het karakteristieke streeppatroon. Bij het onderzoek van de longen kon menige diagnose van longontsteking en tbc gemaakt worden. In de aderen bleken soms nog rode bloedlichaampjes aanwezig te zijn. En uit het darmonderzoek bleek waaruit een laatste maaltijd had bestaan.

Bijzonder intrigerend was een recent onderzoek naar de bloedgroepen. Het blijkt dat bepaalde groepen als A, B en O nu net zoveel in Egypte voorkomen als 3000 jaar geleden. De mummies van de twee jonge farao's Smenchkare en Toetanchamon, hoogstwaarschijnlijk broers of halfbroers, hadden dezelfde groepen A2 en MN. Een minder aangenaam feit – voor ons – dat aan het daglicht kwam, was dat wij aanzienlijk meer 'vervuild' zijn dan de Egyptenaren in de oudheid. Het kwikgehalte in onze lichamen is nagenoeg gelijk, maar het loodgehalte is bij ons dertig maal zo groot . . . En wat moeten we ervan denken dat men in het oude Egypte bijna evenveel last had van cholesterol, en hartinfarcten plus de rest van typische stress-verschijnselen? En dat men er even erg leed aan reuma en aderverkalking als de moderne Egyptenaar? Kiespijn kwam in het oude Egypte evenveel voor als bij ons, misschien zelfs meer, want van goede tandheelkundige verzorging was geen sprake. Bij het onderzoek van de koningsmummies bleek dat velen van hen ontzettende pijnen moeten hebben geleden door kaakabcessen en ontsteking van het beenvlies. Cariës kwam veel voor, vooral toen het eten steeds zachter en zoeter werd. Maar de ergste oorzaak van kiespijn was wel de onvoorstelbare slijtage van veler gebitten door het eten van brood. Nu hadden de Egyptenaren in het toenmalige buitenland al de bijnaam 'broodeters' en inderdaad was brood een basisvoedsel. Dit brood werd gebakken van graan dat door de vrouwen gemalen werd tussen twee op elkaar draaiende stenen, die meestal van graniet waren. Dat gaf een grof meel waarin alles bewaard bleef, erg gezond dus zou men zo zeggen. Inderdaad, behalve dat het slecht was voor het gebit. Want wat is gebleken? Bij het normaal malen tussen twee antieke molenstenen waren na een kwartier alle korrels nog heel. Een kwartier die zware stenen te laten ronddraaien of het graan te wrijven tussen een holle steen met behulp van een ronde steen was geen sinecure. De vrouwen zochten en vonden dus een hulpmiddel: beetje zand bij de korrels en een kwartier later had men goed meel. Zand is namelijk vrij grof en bestaat uit harde korrels mica, leisteen en veldspaat. En dit zand bleef in het meel zitten en dus ook in het brood. Het kwam tussen tanden en kiezen terecht met alle gevolgen van dien en wat niet werd uitgespuugd kwam in maag en darmen terecht. Vandaar dat iedereen die een jaar of dertig en ouder was een totaal versleten gebit bezat, niet door cariës maar vanwege die malende zandkorrels. De tandhalzen kwamen bloot te liggen en de weg naar abcessen stond open.

Aan de hand van de mummies der farao's kunnen we ons een behoorlijk beeld vormen van hun aller gezondheid, al is de doodsoorzaak zelden vastgesteld kunnen worden bij gebrek aan onderzoekmateriaal. Tenslotte is een farao geen Pum II van wie je allemaal onderdeeltjes – in minimale hoeveelheid – kunt onderzoeken. Van de volgende farao's uit het Nieuwe Rijk zijn de mummies teruggevonden:

AHMOSE I had reumatiek in knieën en rug, en moet zich moeizaam en pijnlijk bewogen hebben. Hij was tenger gebouwd.
AMENHOTEP I zijn mummie was zwaar beschadigd en is nooit uitgewikkeld daar de nieuwe windsels door de priesters van de 21ste dynastie zo prachtig waren aangebracht dat het zonde was om deze te verwijderen. Röntgenfoto's tonen aan dat hij een gezonde magere man was met een mooi gebit.
THOETMOSES I was ca. 50 jaar oud toen hij overleed. Hij was kaal en oud voor zijn leeftijd, had aangezichtsreumatiek en een bekkenbreuk die genezen was.

Boven: De sarcofaag kamer in het graf van Ramses VI (nr. 9). Op het plafond afbeeldingen van de godin Noet als dag- en nachthemel. Op de (zuidelijke) wand voorstellingen van de schepping van de zonneschijf uit het Boek van de aarde.

Onder: In de sarcofaagkamer van het graf van Horemheb (nr. 57) bevindt zich deze in grote haast opgezette en onvoltooide wandschildering van gevangenen, een detail uit het 'vierde uur' van het Poortenboek.

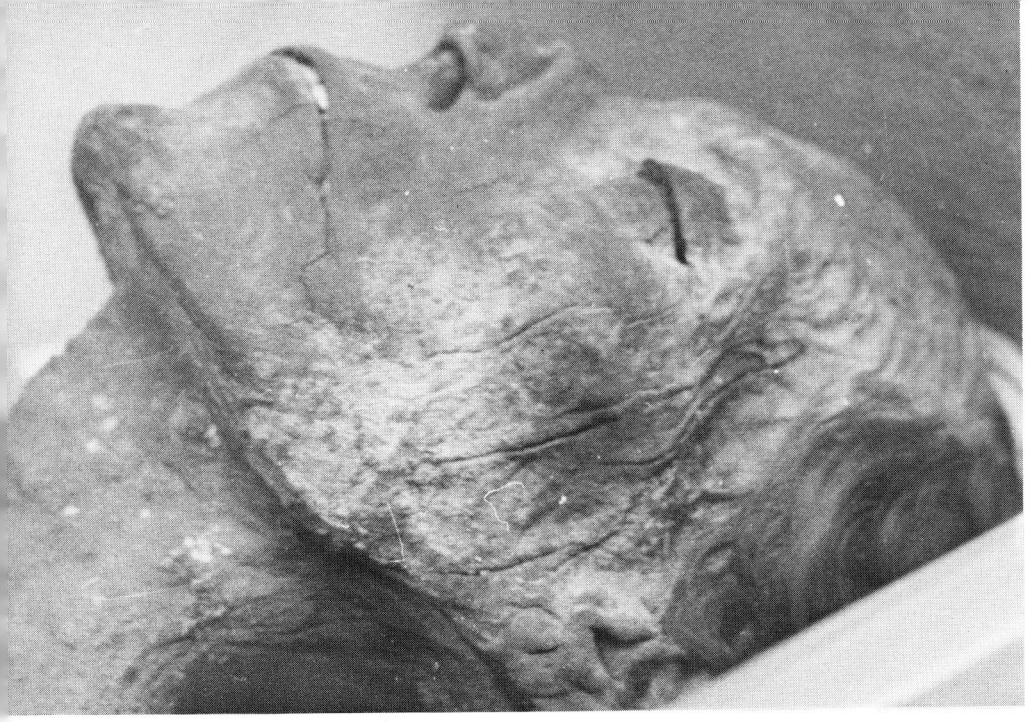

Geheel rechts: De mummie van ▷ farao Thoetmoses II. Museum te Cairo.

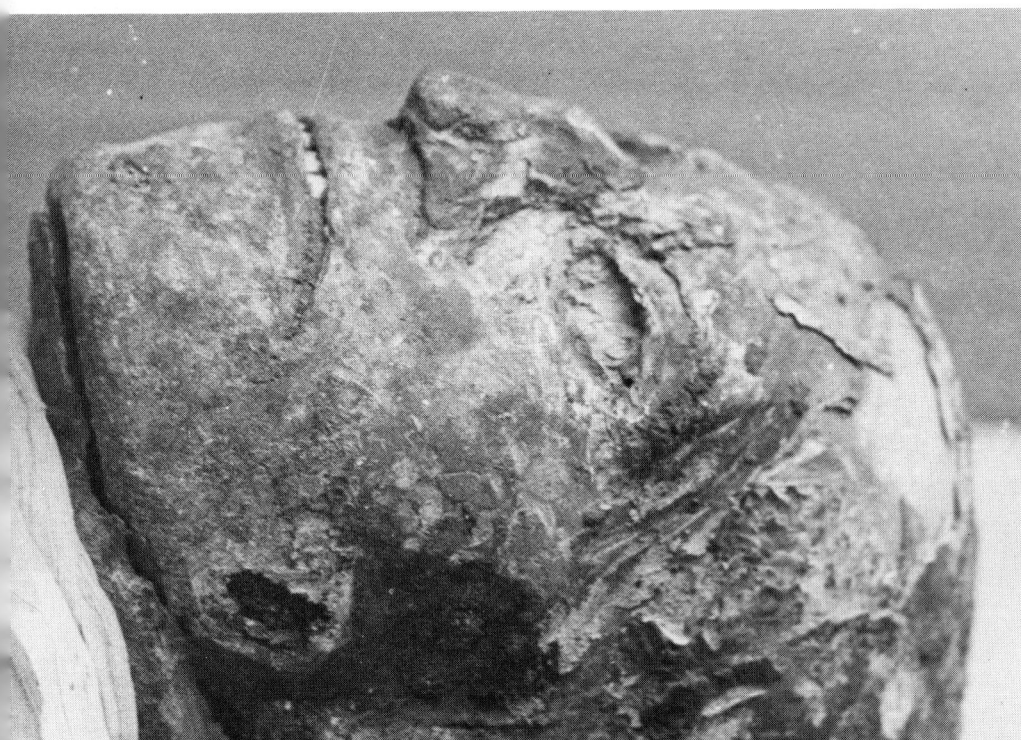

Boven: De mummie van farao Amenhotep II. Museum te Cairo.

Midden: De mummie van farao Ramses III (als voorbeeld gebruikt voor vele 'griezelfilms'). Museum te Cairo.

Onder links: Röntgen-foto van de schedel van de mummie van Ramses II. Het slechte gebit van de farao is duidelijk zichtbaar.

Onder rechts: Röntgen-foto van de schedel van de mummie Merneptah. Ook zijn gebit verkeerde niet meer in goede staat. De opvallende neus is een familie-kenmerk.

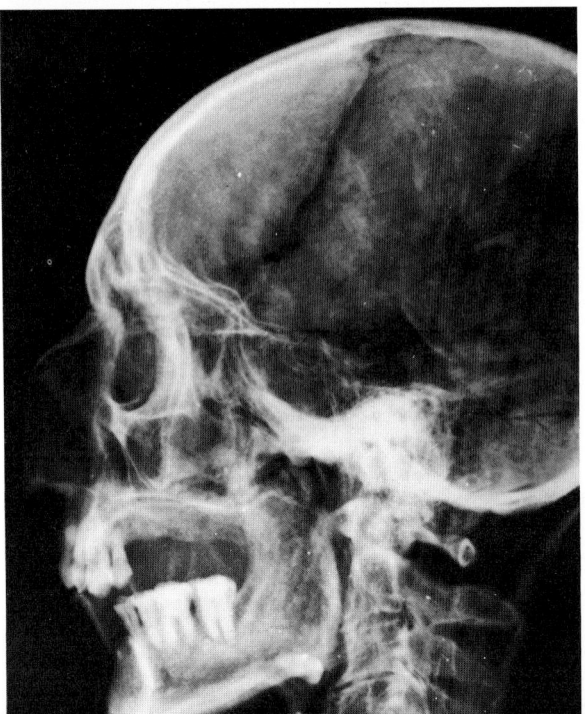
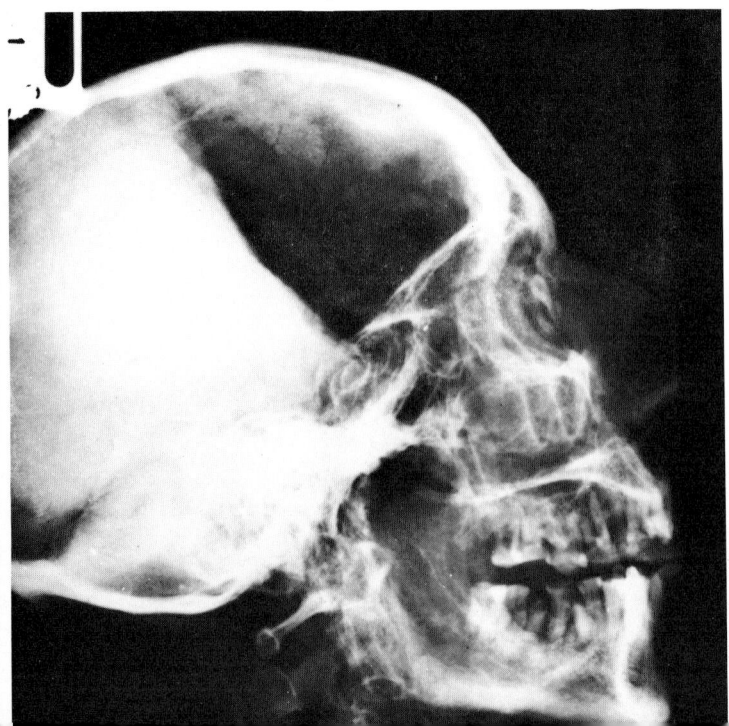

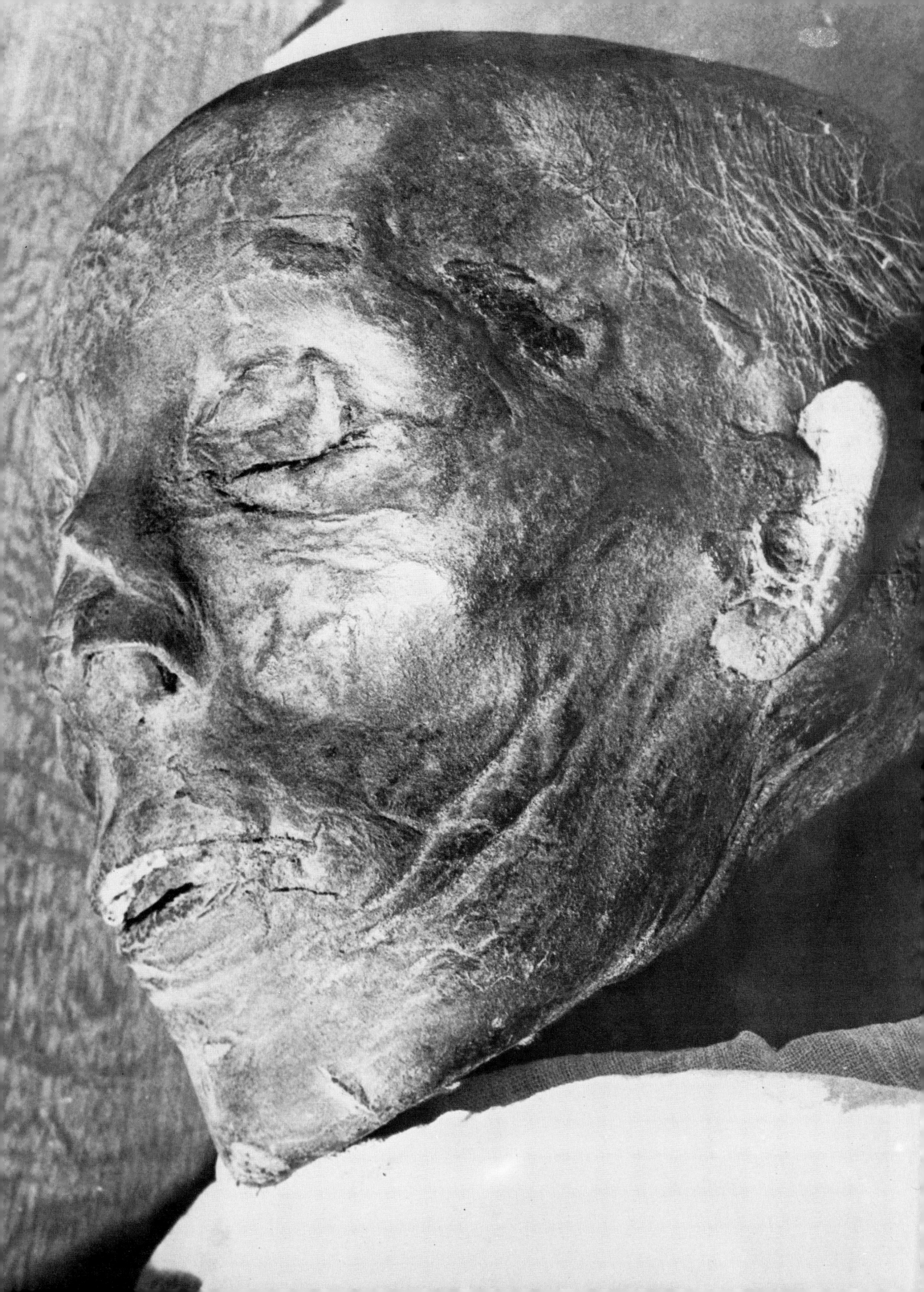

Beschilderd reliëf op de rechterwand van de toegangscorridor van
het graf van Ramses IX (nr. 6):
onthoofde en gebonden 'vijanden
van de goden'.

Boven: Kop van Horemheb met
erboven zijn naam in de cartouches;
beschilderd reliëf in zijn graf (nr.
57).

Onder: Plafondschildering in de
tweede voorkamer van het graf van
Ramses VI (nr. 9), voorstellende
de herrijzende Osiris (= de koning) liggend op een baar.

Boven: Beschilderd reliëf boven de
trap in het tweede deel van het graf
van Ramses III (nr. 11): de zonnebark met aan boord de god Ra
tijdens de nachtelijke vaart door
de onderwereld.

Onder: Plafondschildering in de
sarcofaagzaal van het graf van
Ramses VI (nr. 9): de zon wordt
in het westen 'ingeslikt' door de
hemelgodin Noet.

THOETMOSES II heeft een zo volkomen uitgeteerd gezicht dat hij aan zijn (onbekende) kwaal moet zijn overleden toen hij ongeveer 30 jaar was. Zijn huid is overdekt met ruwe plekken. Weefselonderzoek hiervan heeft (nog) niet plaats gehad.

THOETMOSES III was klein, niet meer dan anderhalve meter lang. Volgens de verhalen uit zijn tijd was hij een groot atleet. Toen hij stierf na officieel 54 jaar te hebben regeerd was hij een dikzak. Zijn gebit was beschadigd, maar de resterende tanden en kiezen waren goed en sterk.

AMENHOTEP II was een sterke en kennelijk sportieve man toen hij overleed op ongeveer 45-jarige leeftijd. Zijn bruin golvend haar werd grijs aan de slapen en zijn kruintje begon te kalen. Hij had gewrichtsreumatiek, maar nog niet erg genoeg om er veel last van te hebben gehad. Op hoofd en hals zaten veel knobbeltjes die nog niet geïdentificeerd zijn.

THOETMOSES IV was tussen de 30 en 40 jaar oud bij zijn dood. Hij was uitgemergeld door een of andere kwaal, maar had bijzonder mooi verzorgde nagels en handen. Hij was al wat kaal. Zijn mummie is slecht geprepareerd, mogelijk door overhaast werken.

AMENHOTEP III deze mummie is heel erg beschadigd en de leeftijd waarop hij stierf is niet vast te stellen. Mogelijk was hij een jaar of 50. Hij was een heel dikke man (dit is ook te zien op bestaande reliëfs) die veel ziek was, vrijwel kaal, aan zijn stoel gekluisterd door zijn kwalen en in het bezit van een verschrikkelijk stel tanden en kiezen, die hem veel pijn moeten hebben bezorgd. De kaken zaten vol abcessen en er was een abnormaal grote afzetting van tandsteen.

SMENCHKARE deze mummie heeft men lang voor die van koningin Teje gehouden (zijn moeder) en daarna voor die van Echnaton. De mummie verkeerde in heel slechte toestand. Deze farao is heel jong gestorven. Een of andere kwaal als doodsoorzaak is niet gevonden.

TOETANCHAMON, de beroemdste mummie van allemaal, is sterk beschadigd. Het is ook de meest uitgedroogde, er zit niet meer dan 2 of 3 millimeter ruimte tussen huid en botten. Het hoofd is kaalgeschoren, wat niet gebruikelijk was. Hij heeft een wond in de linkerwang die dodelijk geweest zou kunnen zijn, maar of hij nu vermoord werd of een natuurlijke dood stierf is niet uit te maken. Hij moet evenals zijn broers of halfbroers Echnaton en Smenchkare een slechte gezondheid hebben gehad.

RAMSES I was een grote en gespierde, maar oude man toen hij stierf. Het gezicht met het kortgeknipte haar is beschadigd, maar het lichaam verkeert nog in goede staat.

SETHI I liet de mooist bewaarde en meest indrukwekkende mummie na met een als gebeeldhouwde kop. Hij was 1,66 meter lang en gladgeschoren. Zijn oren waren doorboord om oorhangers te kunnen dragen. Deze waren er door grafrovers uitgehaald. Grafrovers hebben het hoofd van het lichaam gescheiden. Van zijn mooie gebit ontbrak één kies.

RAMSES III was in de negentig toen hij overleed en dat is duidelijk aan de mummie te zien. Hij had een kaal hoofd, maar vrij lang geelgrijs haar bij de nek. Hij had een slecht gebit vol abcessen. Hij moet tegen het einde van zijn leven vreselijke pijnen in de heupen hebben gehad door aderverkalking.

MERNEPTAH, de dertiende zoon van Ramses II, was een jaar of 70 toen hij overleed. Hij was een dikke kale man met zware aderverkalking in aorta en dijen. Zijn wervels waren sterk door reumatiek aangetast. Hij had bot- en beenmergontstekingen in zijn kaken en moet verschrikkelijk aan kiespijn hebben geleden.

SETHI II had een bol gezicht met sterk naar voren staande, maar goede tanden. Het heupgewricht was reeds aangetast door een lichte artritis.

SIPTAH was de farao die polio had gehad als kind. Het rechterbeen is een heel eind korter dan het linker en de voet is totaal misvormd tot een klompvoet. Hij had een mooi gebit en overleed toen hij een tiener was, of een jaar of twintig.

SETHNACHT, de mummie van een heel oude man, geen bijzonderheden.

RAMSES III, een uitstekende mummie maar griezelig wat het gezicht betreft. 'Trad op' in heel wat films. Zijn verstandskiezen zijn nooit doorgekomen maar hij had verder een mooi gebit. Bij zijn dood was hij een jaar of zestig, vijfenzestig. Hij is vreemd genoeg niet door de priesters opnieuw omwikkeld zoals de andere koningen.

RAMSES IV had een overmatig grote insnijding in de buik om deze leeg te halen. Evenals Siptah werd hij op ongebruikelijke wijze met korstmos opgestopt.

RAMSES V stierf aan pokken en het lichaam was overdekt met pokpuisten. Het is de eerste mummie die met zaagsel werd opgevuld. Zijn gebalsemde organen werden met kruiden – die nog geuren – in de buikholte geborgen. Hij was bij zijn dood ongeveer dertig jaar oud en bezat een mooi gebit.

RAMSES VI deze mummie was dusdanig beschadigd dat de priesters de onderdelen ervan met enkele 'aanvullingen' op een plank hebben moeten monteren. De koning was nogal kaal, had een redelijk gebit en stierf op middelbare leeftijd.

RAMSES IX kon niet worden uitgewikkeld daar de mummie in staat van ontbinding verkeerde.

Sprekend over mummies komt onvermijdelijk de beroemde of liever beruchte vloek van de farao's aan de orde. Om met die vloek af te rekenen hierbij enige gegevens. Eigenlijk komt de vloek pas in de mode met de ontdekking van het graf van Toetanchamon en diens door moderne vinders 'ontwijde' graf. Van de farao's van alle voorgaande dynastieën werden zelden vervloekingen gemeld, al was er evenveel reden toe, want hoeveel mensen wandelen niet in hun grafmonumenten (o.a. de piramiden) rond zonder daar iets van te krijgen?

Merkwaardig is dat de vervloekende farao's de moderne technologie op de voet volgen. Toen de hertzgolven ontdekt waren, bleken ineens alle mummies en grafvoorwerpen dergelijke golven te gaan uitzenden. Toen de röntgenstralen op het toneel verschenen, veranderden de elektromagnetische golven in röntgenstralen en de farao's hadden het er druk mee. Nu we op de hoogte zijn van alles wat de atomen betreft hebben de farao's ook die aangegrepen en de kosmonauten brachten hen ertoe zich in het verre verleden met die dingen te hebben beziggehouden, men kan het geloven of niet.

Waar komen de vervloekingen in principe op neer? Een beetje magie, een snufje mysterie, een aantal wetenschappelijk aandoende feiten die verkeerd geïnterpreteerd worden, voor de goede smaak wat 'officiële' wetenschap, een groot en bovenal goedgelovig publiek plus een enorme massa goedverkopende maar nonsensicale boeken geven een goed recept voor vervloekingen zonder tal. Van al die vervloekers is Toetanchamon wel de voornaamste, al was hij dan in werkelijkheid een onbelangrijke figuur. Het immer aangevoerde 'bewijs' voor de vele vervloekingen van (vaak op hoge leeftijd) overleden archeologen is de stenen plaat die aan het begin van het graf was aangebracht. Zwak punt is natuurlijk dat die plaat nooit gevonden is . . . Maar stenen vervloekingsplaat of niet, als we 'kenners' als de veelgelezen Vandenberg mogen geloven was Toetanchamon een heel naar, boosaardig ventje dat van vervloekingen ongeveer een dagtaak maakte. Dit is totaal in tegenstelling met de werkelijkheid van zogenaamd dor wetenschappelijk materiaal. Maar dat is natuurlijk lang zo leuk niet als enge verhalen. De vloek van de farao zal dus voorlopig wel in sensatieliteratuur blijven rondwaren.

De mummie van Ramses II werd kortgeleden behandeld om aantasting door 'schimmels' tegen te gaan.

Geheel boven links: schildering op een zuil in de sarcofaagzaal van
Amenhotep II: de koning voor de godin Hathor.

Geheel boven rechts: beschilderde reliëfs in het graf van Ramses III.

Boven: wandschildering in een nis achterin de sarcofaagzaal van
Horemheb: de god Osiris als 'Eerste der Westelijken'.

Rechts: beschilderd reliëf op een zuil in het graf van Amenhotep III:
de koning voor de god Osiris.

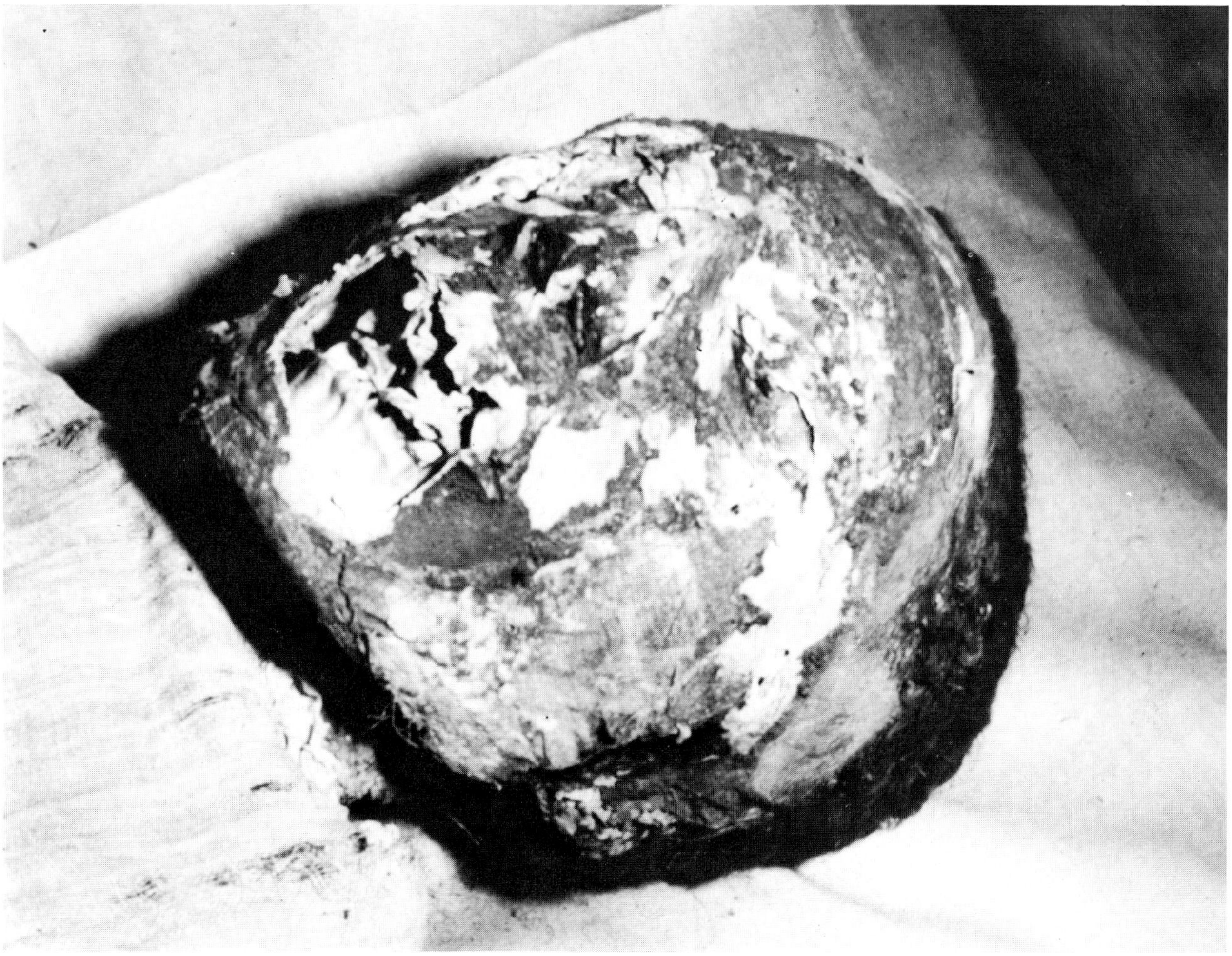

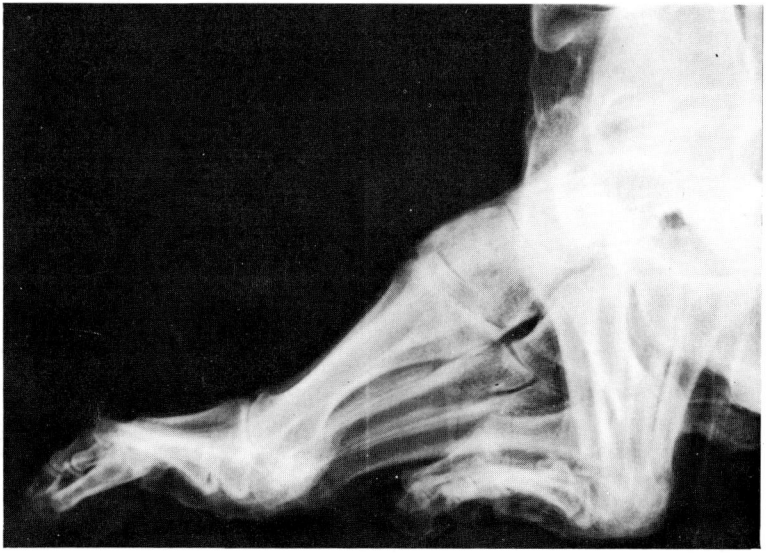

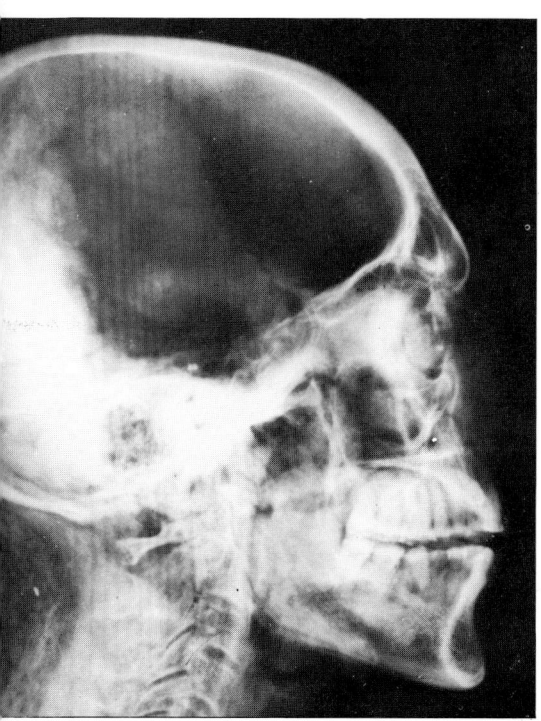

Links: Röntgen-foto van de schedel van de mummie van Sethi I.

Boven: De mummie van farao Siptah, zwaar geschonden door grafrovers.

Onder: Röntgen-foto van de voeten van Siptah's mummie. Eén voet was misvormd, vermoedelijk als gevolg van kinderverlamming.

Boven: Gedeeltelijk voltooid reliëf
in het graf van Horemheb: de zonnegod op zijn boot. De beeldhouwer
is bij het uitkappen van het reliëf
midden in zijn werk gestopt. De
godheid achter de zonnegod is drie-
maal geschetst.

Rechts: Voorstellingen uit het Poor- ▷
tenboek in het graf van Horemheb:
de vaart van de zonnegod door de
onderwereld.

114

'Hij wordt ondervraagd met de stok'

Hoe braaf waren de werkers in de koninklijke necropolis, waar de verleiding voor de opstapeling aan schatten in de graven der farao's levensgroot moet zijn geweest? Zelf hadden zij die schatten in de later degelijk afgesloten en verzegelde tombes neergezet en ze wisten dat de dode farao in zijn stenen sarcofaag die voorwerpen in het hiernamaals nodig zou hebben om zijn voortbestaan zeker te stellen.

De braafheid der arbeiders en alle boven hen gestelden was ongeveer recht evenredig met de aard van de regering tijdens welke zij leefden. Een krachtig gezag betekende uitstekende bewaking en bescherming van allen die in beide valleien rusten. Een zwak bestuur, zoals vooral tegen het einde van de twintigste dynastie, maakte daar een einde aan, opende mogelijkheden voor corruptie tot in de hoogste regionen, schiep de mogelijkheden voor meer of minder terreur onder de arbeiders, rekende af met wat er nog restte aan bewaking en bescherming en gaf bandieten gouden mogelijkheden om zich rijk te stelen. Een van die bandieten was een zekere Peneb, voorman van een van de ploegen die werkten aan de koninklijke graven. Van zijn wandaden weten we heel wat af!

In het begin van de negentiende eeuw werd een papyrus gevonden, die sindsdien bekend staat als Salt 124 (nummer 10055 in het Brits Museum). Dit helaas incomplete document werd vertaald door Černy en daaruit horen we over de misdrijven van de voorman Peneb. De papyrus dateert uit het eind van de 19de of het begin van de 20ste dynastie.

Peneb bleek nogal eens dronken te zijn (van in graven gestolen wijn!), zijn werklui slecht te behandelen en de grootste minachting te koesteren voor dode farao's en hun familie. Een paar van de beschuldigingen maken dit wel duidelijk:

'Hij ging in het graf van de werkman Nachtmin en stal het bed dat onder hem [*de mummie*] stond. Hij nam de voorwerpen mee die men aan een dode geeft en stal die.'

'Hij beroofde Jejemwa van haar kledingstuk, wierp haar neer bovenop de muur en verkrachtte haar.'

'Beschuldiging betreffende het feit dat hij na de begrafenis . . . naar het graf ging en er een *sr*-gans stal. En hij zwoer een eed . . . en zei: "Ik heb hem niet", maar ze vonden die in zijn huis.'

'. . . en hij klom bovenop de muren en gooide met tichelstenen naar de voorbijgangers.'

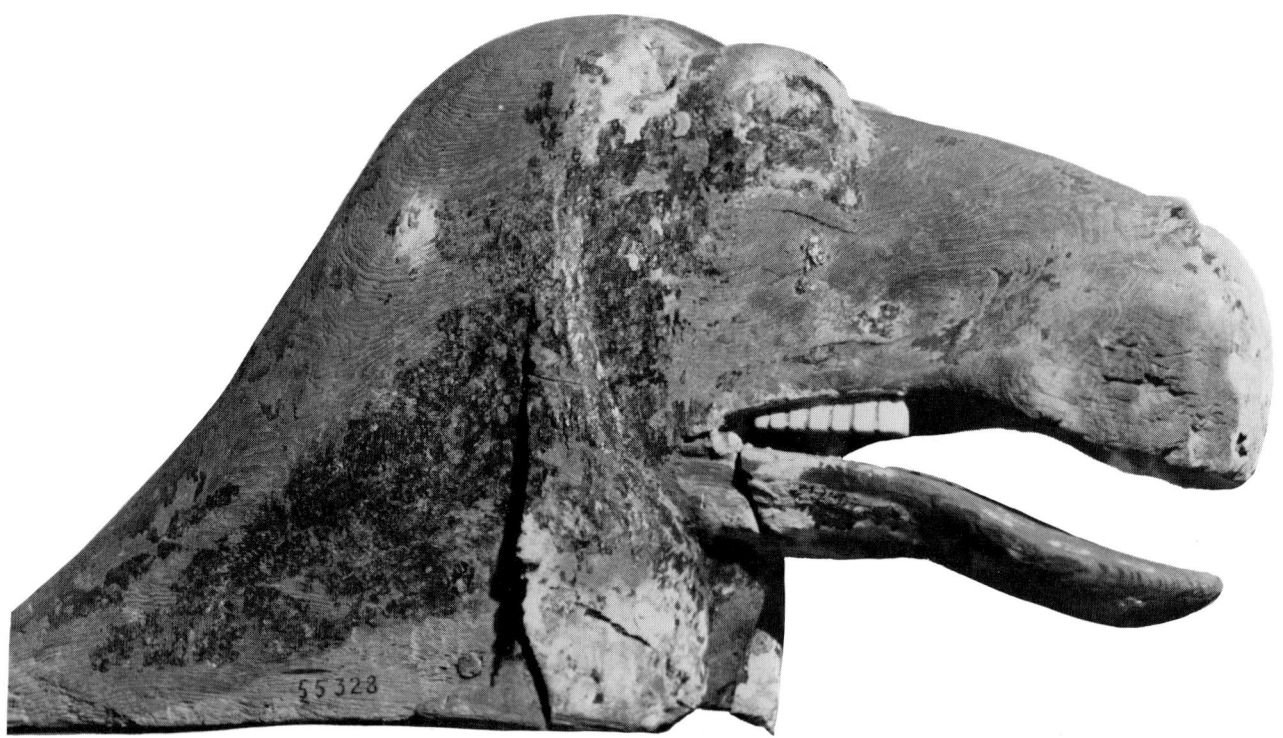

Boven: Houten kop van een nijl-
paard, behoord hebbende tot een
rustbed zoals dat van Toetanchamon
(zie omslag). Uit het graf van
Horemheb, nu in het Museum te
Cairo.

Onder: Voorwerpen uit het graf
van Horemheb. Links en rechts
twee houten koppen van leeuwin-
nen, mogelijk onderdelen van rustbedden. Midden achter een cano-
pedeksel. Op de voorgrond een
houten beeldje van een luipaard.

Rechts: Wandschildering in het ▷
graf van Horemheb: de koning
brengt een offer aan de goden.

Rechts: Rechter wand van de crypte in de grafkamer van Sethi I, met voorstellingen uit het 'derde uur' van het Amdoeat-*boek.*

Boven: Tijdens de opgravingen van Sjeik Ali Abd el-Rasoel in 1960 in het graf van Sethi I werd er meer dan 100 meter diep 'frisse' lucht aangevoerd door deze antieke compressor. Wanneer de jongen te hard draaide, ontstond er in de gang een stofwolk, draaide hij te langzaam dan stikten de 'opgravers' bijna.

Rechts: Reliëf in de voorste zijkamer links van de zuilenhal in het graf van Sethi I, met voorstellingen uit het Poortenboek.

Boven: De grafkamer van Sethi I, gezien vanaf de crypte. Op de wand voorstellingen uit het Amdoeatboek. Op de pijlers staat de koning voor verschillende goden.

Rechts: Beschilderd reliëf in de eerste zuilenzaal in het graf van Sethi I: een scène uit het 'vijfde uur' van het Poortenboek – ook anderen dan Egyptenaren blijken in het hiernamaals te kunnen komen.

Wandschildering in een nis in de linkerhoek van de grafkamer van Sethi I: de god Osiris met voor en achter zich de symbolen van de god Anoebis. Vergelijk de soortgelijke afbeelding in het graf van Horemheb, pag. 112.

Links: Beschilderd reliëf in het graf van Sethi I; de koning wordt ontvangen door de god Horus.

Rechts: Beschilderd reliëf in de ▷ eerste zijkamer rechts van de grafkamer van Sethi I: detail uit het Boek van de Hemelkoe.

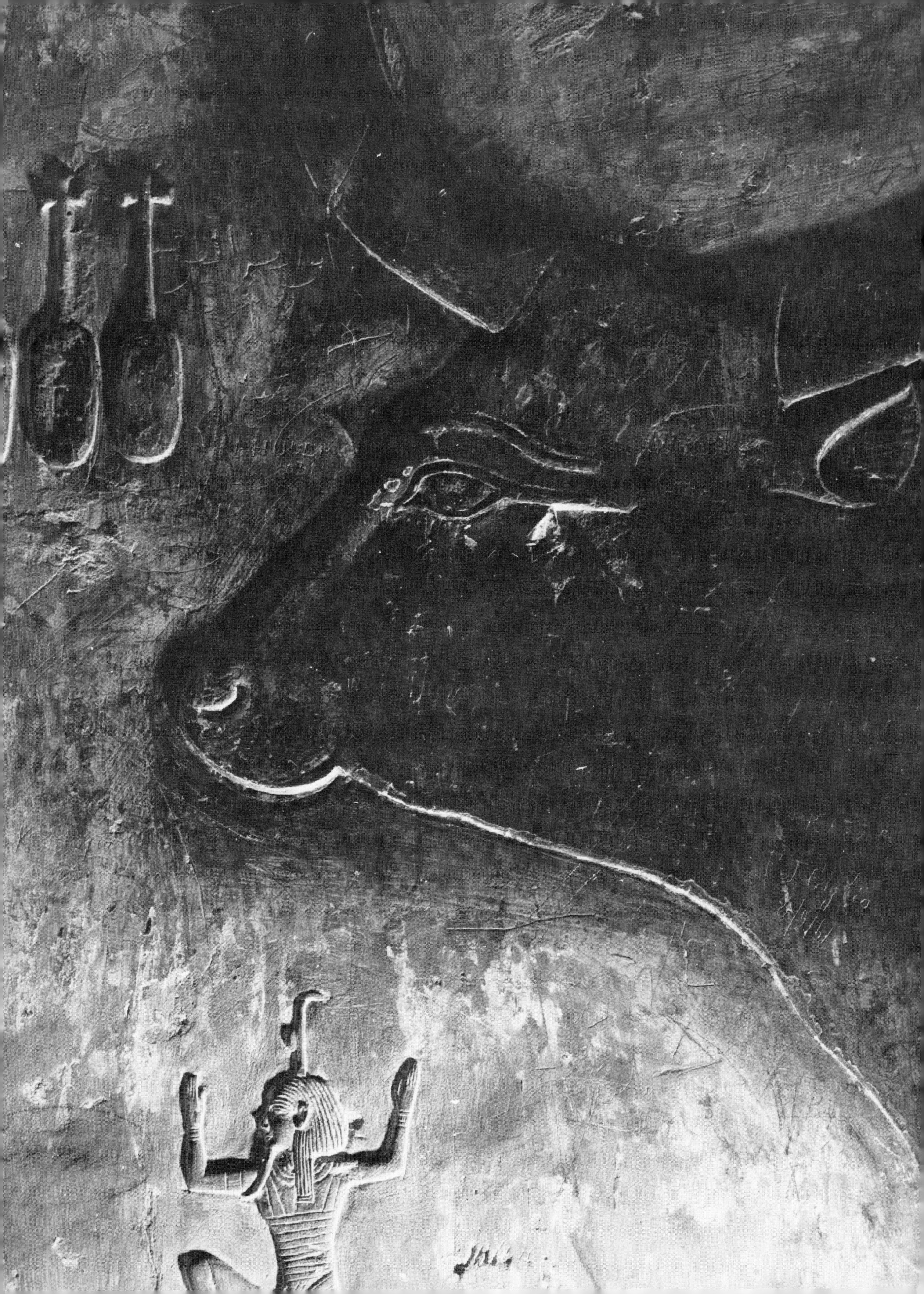

Boven: Schildering op het plafond in de grafkamer van Sethi I: verschillende sterrebeelden.

Links: Deksel van een canope van koningin Toei, gemalin van Sethi I en moeder van Ramses II, in 1972 gevonden in graf nr. 80 in de Vallei der Koninginnen.

Rechts: Deze trap voert omlaag ▷ vanuit de voorkamer naar de zuilenzaal in het graf van Nefertari (nr. 66 in de Vallei der Koninginnen).

Peneb was duidelijk geen aardige man. De beschuldigingen in de papyrus Salt waren gericht aan de vizier in de vorm van een brief. Het bestaande exemplaar is waarschijnlijk een voor het necropolis-archief bestemde kopie. Het origineel ervan moet in de archieven van de vizier zijn bewaard en is nooit gevonden. Het is ook mogelijk dat iemand de kopie stiekem meenam en in zijn huis in Deir el-Medina verstopte waar deze later door sluikgravers werd gevonden.

In de papyrus Salt staat Peneb nog omschreven als gewoon arbeider zonder titel. Gaf hij misschien de vizier steekpenningen om hem te benoemen tot voorman, een baan die hem niet toekwam? 'Dat pleit dan niet voor de vizier, want hij maakte inderdaad Peneb tot opperman. De beschuldigingen in de papyrus Salt zijn heel ernstig en indien er een rechtzaak zou komen en Peneb veroordeeld zou worden kon hij op zéér onaangename straffen rekenen, want als iemand de farao beledigde, bestal en bespotte kende men geen genade. Vooral daar een van de beschuldigingen was dat Peneb wijn had gedronken uit de hiernamaalsvoorraad van de farao en daarna met zijn dronken kop was gaan zitten op de sarcofaag 'waarin de god lag'.

Hoe reageerde Peneb op de beschuldigingen? Natuurlijk door alles te ontkennen en de ene meineed op de andere te stapelen ondanks alle bewijzen. Hij was brutaal genoeg. Al verkrachtte hij de 'burgeressen' Toei, Hanro (tweemaal

Boven links: De slangegodin Nech-
bet op een van de zuilen in de grafkamer van koningin Nefertari.

Boven rechts: Wandschildering in
het graf van koningin Nefertari:
de godinnen Isis en Nephthys beschermen de samengevoegde godheid Osiris-Ra.

Rechts: Beschilderd reliëf in het
zwaar beschadigde graf van koningin Titi (nr. 52 in de Vallei der
Koninginnen).

◁ Links: De eerste gang in het graf
van Ramses II (1279 - 1212 v. C.)
(nr. 7).

Detail van de sarcofaag van Mer-neptah in zijn graf (nr. 8).

zelfs) en haar dochter Webkhet (waarna Penebs zoon het nog eens dunnetjes overdeed), al moest de arbeider Minnacht twee maanden lang de ossen van Peneb voeren waardoor hij niet op het werk kon verschijnen, al gebruikte Peneb het gereedschap waarmee in de koninklijke tomben werd gewerkt: hij ontkende alles. Hij ging nog verder: hij diende een klacht in over de vizier Amenmesse bij een zekere Msi (waarschijnlijk farao Amenmesse) die de vizier ontsloeg, waardoor Peneb weer veilig was want deze vizier wist veel te veel van hem. Helaas blijft de afloop onbekend, omdat de papyrus voortijdig afbreekt. Maar uit andere bronnen weten we wel dat Peneb uiteindelijk niet geheel onbestraft bleef.

De organisatie die zich bezighield met de bewaking en bescherming van de beide necropolen, maar ook met de graven van de hooggeplaatsten, was als regel even machtig als de vorst die regeerde. Al in de 18de dynastie moet de verantwoordelijkheid voor het toezicht zijn overgegaan op een staatsorganisatie, want in die tijd waren de graven zo rijk uitgerust dat een officiële instantie niet gemist kon worden. De organisatie heeft uitstekend gewerkt tot het einde van de 20ste dynastie, toen met het verval van het staatsgezag ook het verval van de necropolen intrad en het ene schandaal na het andere tot in de hoogste rangen der ambtenarij aan het licht kwam.

Wie het eerst met juridische acties begon weten we niet, maar we weten wel dat Pewero, hoofd van de Nubische politie, een ernstige klacht indiende bij de vizier van Boven-Egypte Chaëmweset – een klacht die ook was gericht tot de notabelen van Thebe – betreffende de toestanden in de necropolen. Onder die notabelen waren een paar schenkers van de farao, maar dit hoogste gezag zelf wordt niet genoemd. Het was de gewoonte dergelijke klachten bij de vizier in te dienen; was hij afwezig dan reisde men hem na om hem de documenten ter hand te kunnen stellen.

Een tweede klacht kwam van prins Pesioer uit Thebe betreffende beroving van het graf van farao Amenhotep II, waarbij het om dezelfde bende ging die betrokken was bij de eerste klacht. Toen Pewero geen reacties op zijn

◁ *Links: Binnenkant van de derde (Binnenste) roodgranieten sarco-* *faag van Merneptah, gevonden in Tanis en nu in het Museum te Cairo.*

aanklacht kreeg diende hij een herhaling in en dreigde regelrecht naar farao zelf te gaan als er niet gereageerd zou worden. Vertrouwde Pewero de vizier misschien niet? . . . Dan had hij er wel redenen toe want na het indienen van zijn herhalingsaanklacht werden de vizier en de hogepriester van Amon in hechtenis genomen! Ook de leden van de roversbende verdwenen achter de tralies.

De belangrijkste rechtbanken van Egypte, de *kenbet,* zetelden in Heliopolis en Thebe. De viziers hadden er zitting in plus een aantal belangrijke hovelingen. De gang van zaken was vrij eenvoudig en bepaalde misdaden werden het zwaarste bestraft: meineed (dwangarbeid in de goudmijnen of het afsnijden van neus en/of oren) en grafroof waren héél erg. Op het laatste kon de doodstraf staan, die overigens zelden werd toegepast.

Het proces begon met de ondervraging der beschuldigden. Vervolgens kwamen de getuigen aan het woord, dan de aanklager en tot slot de beklaagde zelf. Advocaten bestonden niet. Na deze gang van zaken volgde de rechtspraak door vizier of farao. Maar wie geen advocaat bezit is wel aangewezen op eigen liegpartijen en daar wisten de beschuldigden wel raad mee. In zekere zin mocht men liegen, maar de rechtbank beschikte wel over een doeltreffend instrument. Dat was de stok. Na een betuiging van onschuld door de beklaagde – waar iedereen openlijk aan twijfelde – volgde een flink pak ros en een nieuw verhoor. Had men daarmee geen resultaten dan volgde een tweede en eventueel derde pak ransel. Hield hierna de beschuldigde nóg vol dat hij niets had gedaan, dan werd hij als onschuldig beschouwd. Zo lang houdt een schuldige het niet uit!

De beklaagden hadden ook een systeem. Konden ze met liegen niet meer uit de voeten komen, dan gaven ze het minst strafbare feit toe in de hoop dat er voor de andere geen bewijzen of getuigen bestonden. Zo kon men het een hele tijd uitzingen. Maar had de 'ondervraging met de stok' resultaten dan riep de beklaagde: 'Stop, ik vertel!' en dan kon men spijkers met koppen slaan.

Voor de grafrover zag de zaak er somber uit. Zij waren aanwezig geweest bij enige koninklijke begrafenissen en wisten dus alle geheimen en ook wat er in de graven stond. Enige jaren daarna stalen zij een aantal draagbare kisten en kasten, wierook, olie, wijn en beelden. Hun volgende diefstal had plaats in de tombe van een dochter van Sethi I, die de gemalin was van Ramses II. Ook beroofden ze de tombe van koningin Isis, gemalin van Ramses III. Leider van deze diefstal was een misdadige kopersmid. Toen men de misdadigers confronteerde met dit feit ontkenden ze in alle toonaarden. De kopersmid werd naar de vallei gebracht, maar kon het graf – ondanks de stokslagen – niet meer terugvinden. Kennelijk had hij het weer zorgvuldig onder het puin verborgen. Maar het jaar daarop was er een inspectie en men vond een door acht mannen stukgeslagen roodgranieten sarcofaag waarvan de brokken heinde en ver verspreid lagen.

Dat er schandalig werd huisgehouden in de koninklijke graven is overduidelijk. De koninklijke mummies zagen er vreselijk uit, waren vaak stukgeslagen bij het zoeken naar sieraden en kostbare amuletten. En zij wier mummies dusdanig werden mishandeld zullen in het hiernamaals wel erg dankbaar zijn geweest dat tijdens de regering van de priesterkoning Herihor, aan het begin van de 21ste dynastie, de mummies door de priesters opnieuw werden verzorgd, ingewikkeld, zo nodig gerepareerd (één koningsmummie moest op de plank worden bevestigd en aange-vuld). Daarna werden ze in soms nieuwe, soms hergebruikte sarcofagen op een veilige plaats opnieuw bijgezet in het graf van koningin Inhapi bij Deir-el-Bahari, waar ze veel later wederom werden beroofd door de moderne bewoners van Qoernah die daarmee bewezen waardige afstammelingen van de necropolis-arbeiders te zijn.

Een zeer belangrijk document betreffende de grote grafroverijen in de 20ste synastie is de papyrus Abbott, die een beschrijving bevat van de gebeurtenissen tussen de 18de en de 21ste dag van de overstromingsmaand van het jaar 16 van de regering van Neferkare Ramses IX.

Op de 18de dag begaf zich een uit zeer hoge ambtenaren bestaande commissie naar de graven van 'de oude koningen en de gezegenden ten westen van No (Thebe)'. De reden was een door Pewero ingediend rapport betreffende een aantal dieven. Er is een lijst van tien gecontroleerde graven waarvan het laatste dat van Amenhotep I was. Dit bleek ongestoord te zijn. Eveneens onderzocht werden de graven van vier zangeressen, waarvan er twee ongestoord waren, en een aantal tomben van hoge ambtenaren die allemaal beroofd waren. Er is een lijst van de dieven die in de gevangenis verdwenen, werden ondervraagd en geslagen op de gebruikelijke manier. Ze hebben allemaal bekend.

Op de 19de dag trok de vizier zelf naar de graven van de koninginnen, de koninklijke vrouwen, moeders en kinderen. De diefachtige kopersmid werd weer meegenomen die hier twee jaar eerder de graven beroofd had, maar hij herkende er niet één van! Bovendien bleken alle zegels die de graftoegangen afsloten intact te zijn, een geheimzinnig

Detail van een wandschildering in ▷
het graf van Ramses I (nr. 16): de
zonnegod Ra in zijn hemelbark.

Links: Beschilderd reliëf op de wand van de eerste gang in het graf van Sethi II (1202 - 1196 v.C.) (nr. 15): goden uit de 'onderwereldboeken'.

Rechts: Haastig uitgevoerde schilderingen in de gang voor de sarcofaagzaal in het graf van Sethi II: afbeeldingen van godenbeelden zoals ze bij voorbeeld in het graf van Toetanchamon zijn gevonden.

zaakje. Men was erg blij dat die arbeiders van de necropolis zo integer bleken te zijn, maar lang duurde de vreugde niet, al had men hun 'eerlijkheid' overal uitgebazuind. Voelde de vizier nattigheid? 's Avonds sprak prins Pesioer met de arbeiders van de necropolis en er bleek weinig reden tot vreugde. Twee schrijvers die Pesioer had meegenomen moesten niet minder dan vijf berovingen constateren! De woedende Pesioer besloot nu de farao zelf maar eens in te schakelen.

Op de 20ste dag wist Pewero een gesprek af te luisteren waarin de vizier een uitgebreid verslag gaf. Hij was woedend op de twee schrijvers die de roof hadden gemeld. Ze hadden moeten zeggen dat alles perfect in orde was . . . Doordat zij dit hadden nagelaten stond de vizier geen andere weg open dan maar een onderzoek te gelasten.

Op de 21ste dag werd in Thebe zeer plechtig de Grote Rechtbank bijeen geroepen waarin ook Pesioer zitting had. De beruchte kopersmid plus nog twee andere boeven werden voorgeleid. De beschuldigingen klonken luid en verontwaardigd, maar aan het einde van de zaak liet men de kopersmid gaan . . . Over de grafroven uit die tijd bestaan wel zestien documenten op papyri. En daaruit blijkt wat er gestolen werd: bladgoud waarmee de beelden beslagen waren, een zilveren 'voorwerp' dat vervangen werd door een voor de gelegenheid gemaakt van hout, één bronzen beeld. Bij de boeven zelf werd het volgende in beslag genomen: 9 *deben* en 2 *kite* (ruim 1 kilo) geel goud, 39 *deben* en 1 *kite* (5 kilo) wit goud, 188 stuks zilveren voorwerpen, 63 kledingstukken van het fijnste linnen. Maar ook de eigen priesters van een graf wisten er raad mee. Uit de pakhuizen van het Ramesseum stalen zij kostbare houtsoorten en het gouden beslag van de poorten. En uit de tempel van Medinet Haboe verdween niet minder dan 1100 *deben* (ruim 100 kilo) koperen beslag van een deur en 86 *deben* (ruim 9 kilo) zilver van een standaard voor vazen. Ook hier waren de priesters de schuldigen.

Wat vermeld staat is natuurlijk maar een fractie van wat er werkelijk werd geroofd. Hoeveel daarvan verdween er in de schatkisten van de vizier en de notabelen van Thebe? Er was weinig plaats voor eerlijke lieden in die tijd. Enkelen als Pewero en Pesioer hebben dat tot hun ergernis duidelijk kunnen merken, want uiteindelijk hadden hun klachten weinig effect: alleen de kleine boeven werden bestraft en aan de grafroverijen kwam beslist geen einde.

Boven: Vissers in een bootje. Schildering in het graf van Ipui (nr. 217 te Deir el-Medina).

Onder: Schrijnwerkers en andere ambachtslieden. Schildering in het graf van Ipui (nr. 217 te Deir el-Medina).

Boven: Een rijk versierde offertafel. Schildering in het graf van Nay (nr. 271 te Qoernet Moerai).

Onder: Een harpspeler. Schildering in het graf van voorman Anhorkhaw (nr. 359 te Deir el-Medina).

Wand van de tweede van de vier schrijnen die om de sarcofaag van Toetanchamon stonden. De schrijnen zijn gemaakt van hout en overtrokken met bladgoud waarin fijne reliëfs en teksten zijn aangebracht. Om het hoofd van de mummie, 'degene die de uren verbergt', kronkelt zich de slang Mehen.

◁ *Links: Relief van een aanbiddende farao Ramses III (1182 - 1151 v. C.) op de wand naast de ingang van zijn graf (nr. 11). Van de beschildering op dit reliëf is vrijwel niets bewaard gebleven.*

Boven: Dit is de plaats in het graf van Ramses III (nr. 11) waar de steenhouwers in de oudheid stootten op het blijkbaar reeds vergeten graf van Amenmesse (1202 - 1199 v.C.; graf nr. 10). Het gat in de vloer links vormt de ongewilde verbinding tussen de twee koningsgraven. Rechts het vervolg van de eerste gang in het graf van Ramses III.

Rechts: Doorzicht in het graf van Ramses III vanaf de hierboven getoonde splitsing en verder naar omlaag.

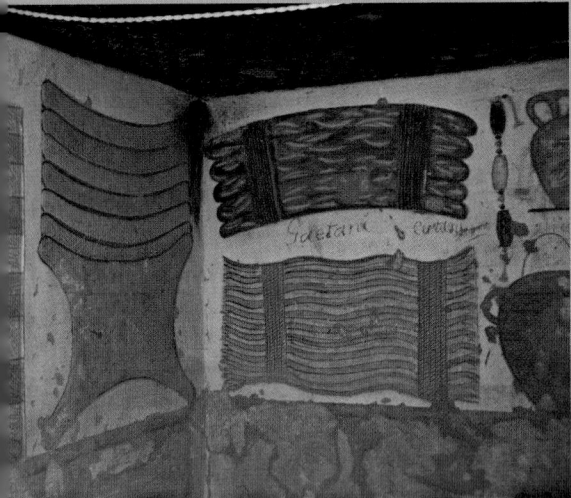

Links van boven naar beneden:
1. De zonneboot, detail uit het Amdoeat. Beschilderd reliëf in het graf van Eje (nr. 23).
2. Bronzen baren in de vorm van huiden, planken, bogen en kruiken. Wandschildering in een van de zijkamers van de eerste gang in het graf van Ramses III (nr. 11).
3. De ingang van het graf van Sethi I (nr. 17).

4. De toegangstrap naar de ingang van het graf van Thoetmoses III (nr. 34).

Linksboven: De 'grot' aan het einde van de Vallei der Koninginnen.

Linksonder: Resten van de wachtpost op de bergkam boven de Vallei der Koningen.

Boven: Hoofdeinde van de roodgranieten sarcofaag van Ramses III: de godin Nephthys spreidt beschermend haar vleugels uit. Nu in het Louvre te Parijs (het deksel bevindt zich in het Fitzwilliam Museum te Cambridge).

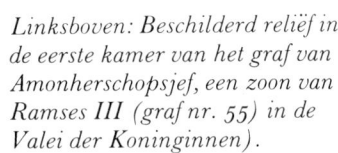

Linksboven: Beschilderd reliëf in de eerste kamer van het graf van Amonherschopsjef, een zoon van Ramses III (graf nr. 55) in de Valei der Koninginnen).

Linksonder: Beschilderd reliëf in het graf van prins Chaemweset, een zoon van Ramses III (graf nr. 44 in de Vallei der Koninginnen).

Boven: Eén van de oesjebti's van Ramses IV. Nu in het Louvre te Parijs.

Rechtsboven: De voorzaal in het   ▷ graf van Ramses III. Op de pijlers beschilderde reliëfs van de koning voor verschillende goden.

Rechtsonder: De ruwe granieten   ▷ sarcofaag van prins Amonherchopsjef in zijn graf.

Rechtsboven: Beschilderd reliëf ▷
van Ramses VI op een van de pij-
lers in zijn graf. De farao brengt
een wierookoffer.

Rechtsonder: Reliëf op de linker- ▷
wand van de gang in het graf van
Ramses VI met een afbeelding uit
het 'vijfde uur' van het Poortenboek.

De opeenvolgende gangen in het
graf van Ramses VI (1141 - 1133
v.C.; graf nr. 9) gezien naar de
grafkamer toe.

Onder: Doorgang van de grafkamer
naar de voorkamer in het graf van
Ramses VI. Op de pijlers afbeel-
dingen van de koning offerend aan
de dodengod Osiris.

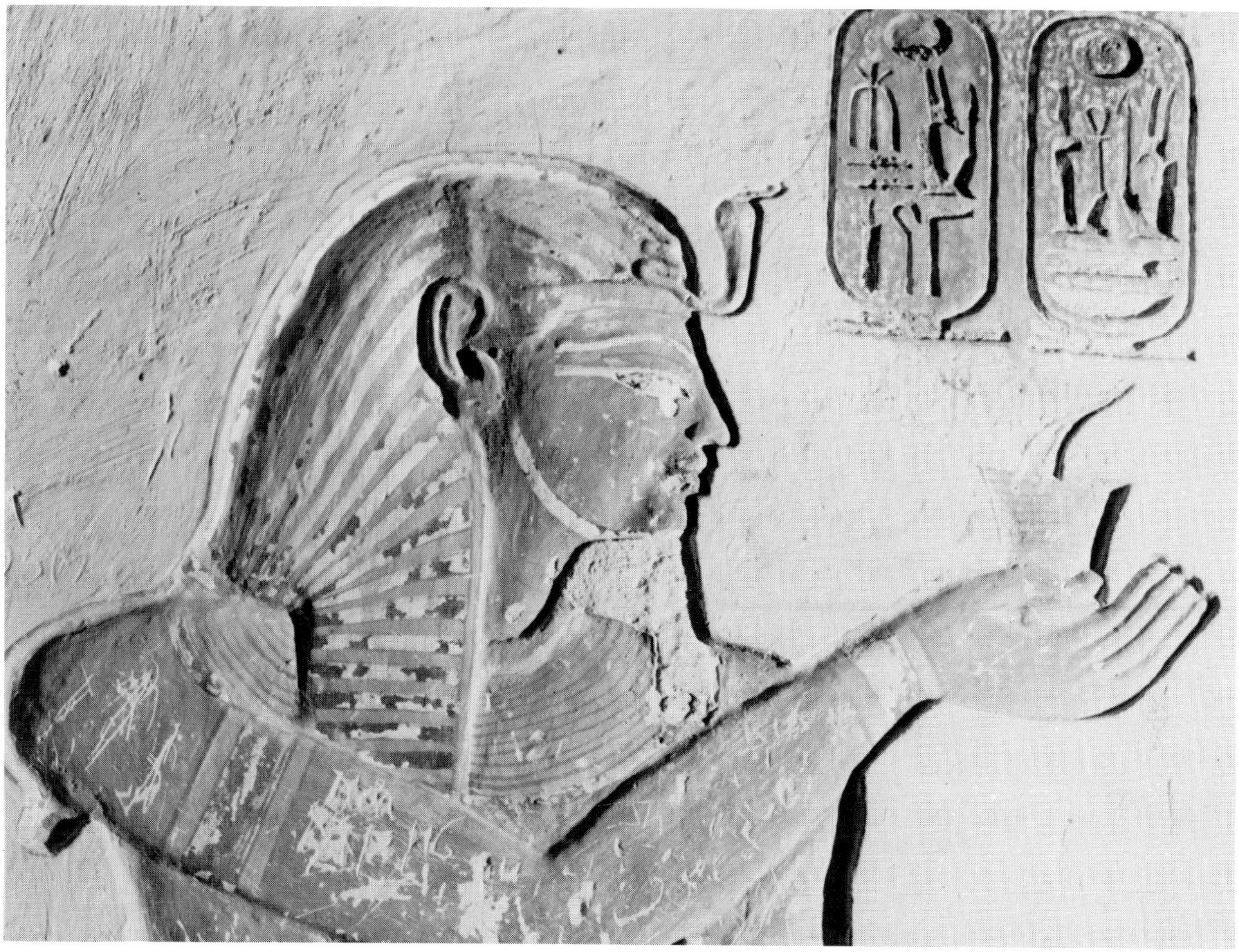

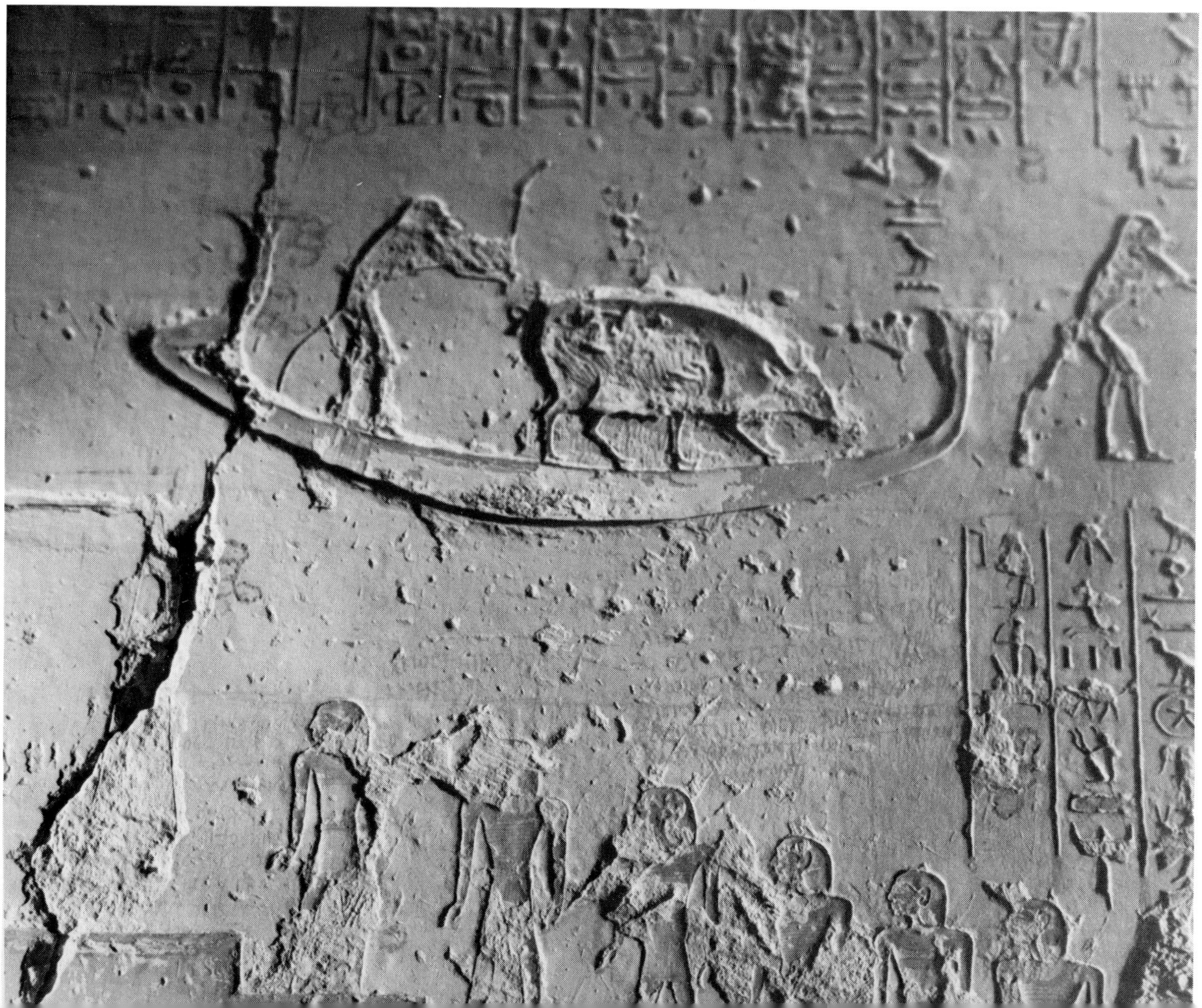

Boven: Het laatste vertrek in het graf van Ramses VI lijkt meer op een grote nis. Op linker- en rechterwand staan aanbiddende figuren afgebeeld.

Links: In de grafkamer van Ramses VI (graf nr. 9) stootten de steenhouwers op een harde kwartsietader. Uiteindelijk gaven ze het werk aan dit obstakel in de hoek van de kamer maar op.

Rechtsboven: Voorstelling op het ▷ plafond in de gang van het graf van Ramses VI: de zonneboot heeft de vorm van een slang en is met sterren beschilderd.

Rechtsonder: Detail van het plafond ▷ in de grafkamer van Ramses VI. Links de geboorte van de zonneschijf; voorts is de reis van de zonneboot over de hemeloceaan afgebeeld.

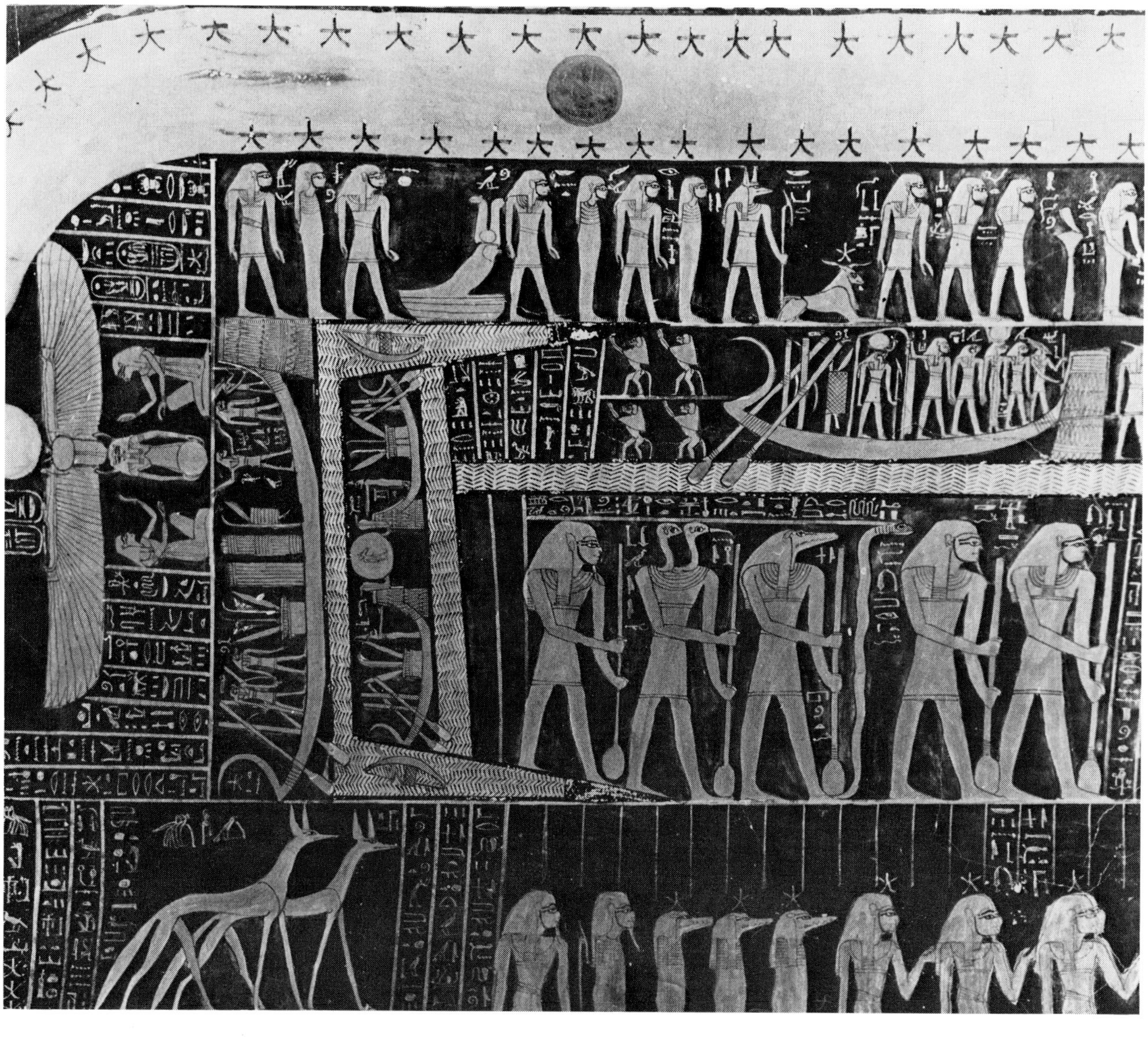

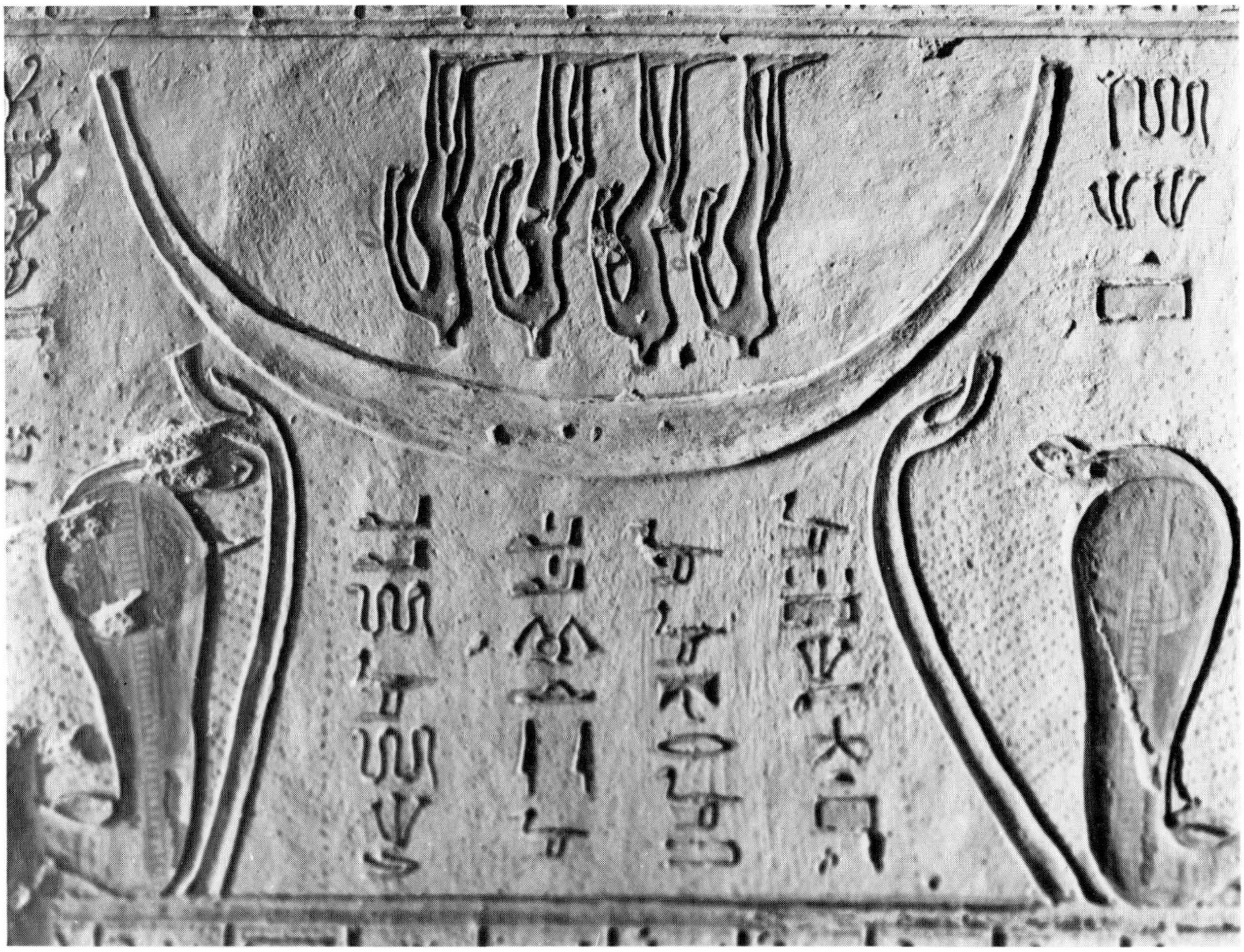

Reliëf in de gang van het graf van Ramses VI met voorstellingen uit het **Holenboek,** *het derde deel. Een paar slangen omarmen een put waarin ondersteboven onthoofde en geboeide 'zondaren' staan.*

De cartouches (met de koningsnamen) van Ramses III in zijn eerste en niet voltooide graf (nr. 3).

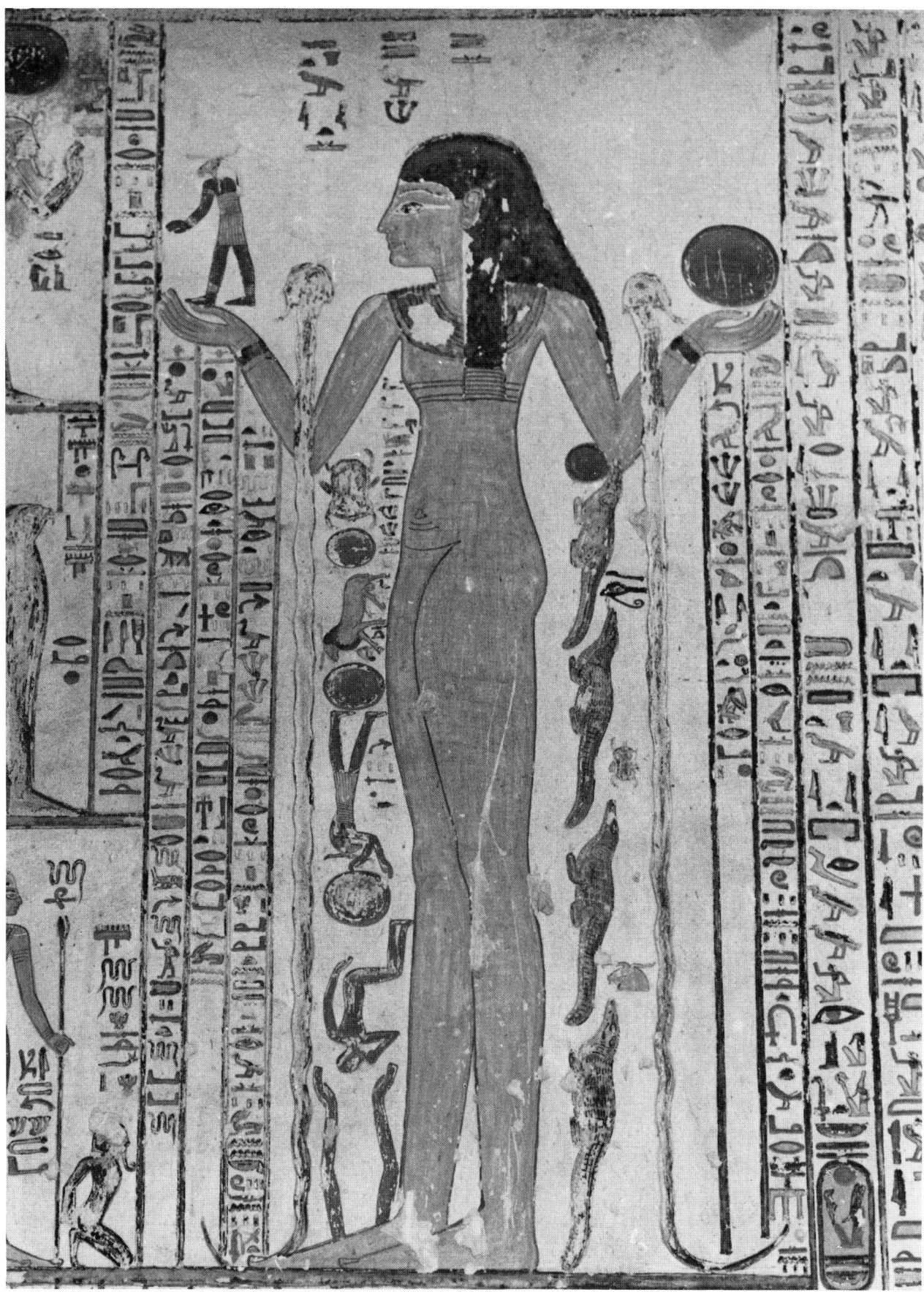

Schildering op de rechterwand in de voorkamer van het graf van

Ramses VI: de godin Noet, 'de Geheime'; naast haar symbolische

afbeeldingen van de reis van de zon.

145

◁ Linksboven: Ramses IX (1126 - 1108 v.C.), een beschilderd reliëf op de linkerwand van de voorkamer in zijn graf (nr. 6).

◁ Uiterst linksonder: De lange eerste gang in het graf van Ramses IX.

◁ Linksonder: Het plafond in de grafkamer van Ramses IX. Het hoofd van de hemelgodin Noet.

Onder: De rechterwand van de grafkamer van Ramses IX met het gewelfde, haastig afgewerkte plafond. Daardoor lijkt de grote figuur van de hemelgodin Noet, van wie in de hoek linksboven de voeten te zien zijn, te golven.

Vijf ba-vogels met ramskoppen heffen de armen aanbiddend op. Boven hen is een gedeelte te zien van de geboortescène van de zonnegod. Op de wand ongeveer in het midden vijf 'zondaren' liggende in een soort ruimte met een hoofd er bovenop.

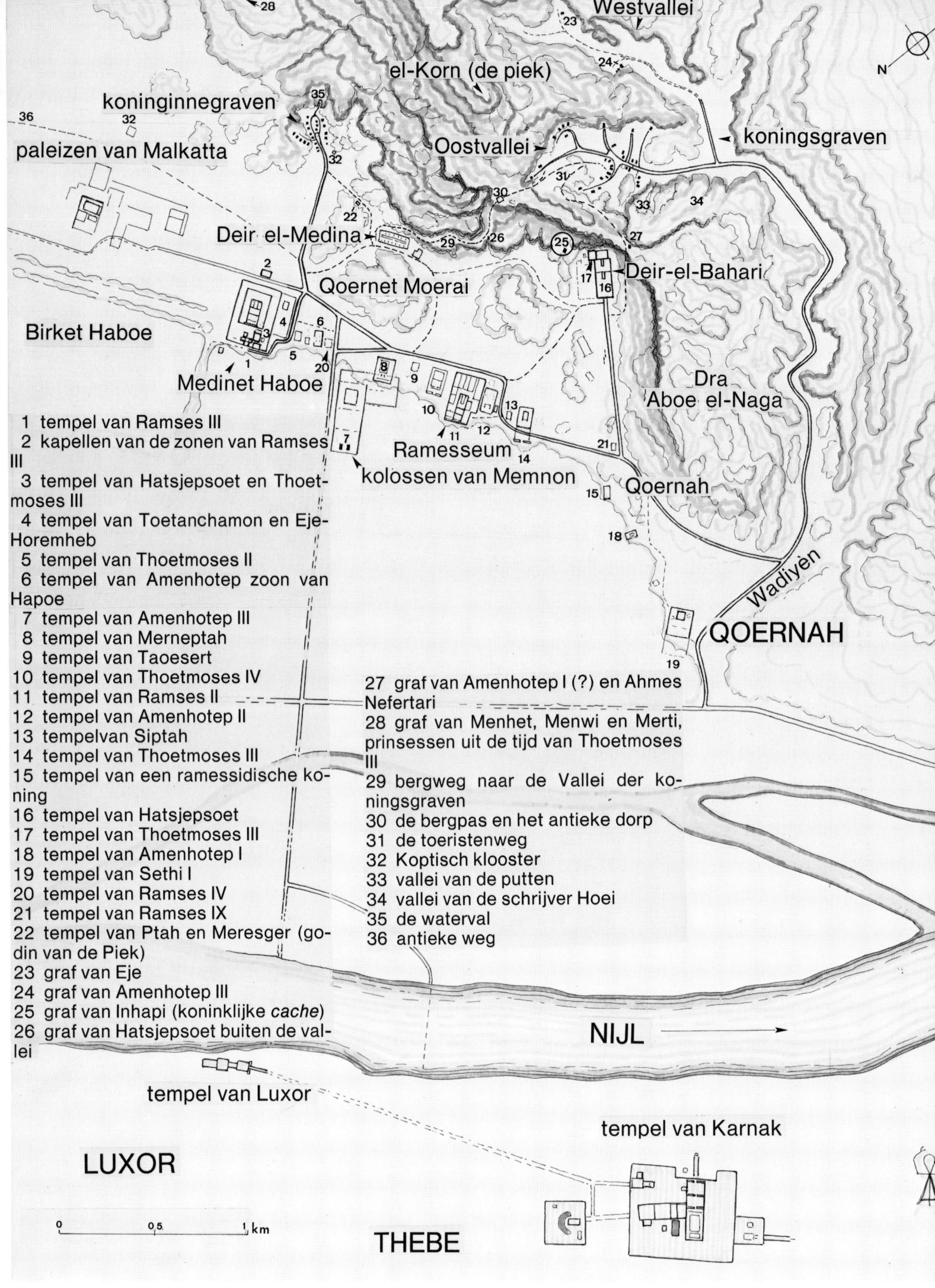

el-Korn (de piek)

Westvallei

koninginnegraven

paleizen van Malkatta

Oostvallei

koningsgraven

N

Deir el-Medina

Deir-el-Bahari

Qoernet Moerai

Birket Haboe

Dra Aboe el-Naga

Medinet Haboe

Ramesseum

kolossen van Memnon

Qoernah

QOERNAH

Wadiyen

1 tempel van Ramses III
2 kapellen van de zonen van Ramses III
3 tempel van Hatsjepsoet en Thoetmoses III
4 tempel van Toetanchamon en Eje-Horemheb
5 tempel van Thoetmoses II
6 tempel van Amenhotep zoon van Hapoe
7 tempel van Amenhotep III
8 tempel van Merneptah
9 tempel van Taoesert
10 tempel van Thoetmoses IV
11 tempel van Ramses II
12 tempel van Amenhotep II
13 tempelvan Siptah
14 tempel van Thoetmoses III
15 tempel van een ramessidische koning
16 tempel van Hatsjepsoet
17 tempel van Thoetmoses III
18 tempel van Amenhotep I
19 tempel van Sethi I
20 tempel van Ramses IV
21 tempel van Ramses IX
22 tempel van Ptah en Meresger (godin van de Piek)
23 graf van Eje
24 graf van Amenhotep III
25 graf van Inhapi (koninklijke *cache*)
26 graf van Hatsjepsoet buiten de vallei

27 graf van Amenhotep I (?) en Ahmes Nefertari
28 graf van Menhet, Menwi en Merti, prinsessen uit de tijd van Thoetmoses III
29 bergweg naar de Vallei der koningsgraven
30 de bergpas en het antieke dorp
31 de toeristenweg
32 Koptisch klooster
33 vallei van de putten
34 vallei van de schrijver Hoei
35 de waterval
36 antieke weg

NIJL

tempel van Luxor

tempel van Karnak

LUXOR

THEBE

0   0,5   1 km

Huizen van Miljoenen Jaren

Tussen de Thebaanse bergen en de grens van het altijd groene akkerland liggen de grote en kleine dodentempels van de farao's die in de Vallei der Koningen werden bijgezet, de zogenaamde Huizen van Miljoenen Jaren, die zo belangrijk waren voor het voortbestaan van de dode farao in het hiernamaals. Vele ervan kan men nauwelijks meer herkennen. Ze bestaan tegenwoordig uit niet veel meer dan een plattegrond, waarop de plaatsen voor zuilen en muren met enige moeite zijn terug te vinden. Bij een enkele, zoals die van Horemheb, liggen nog gebroken restanten van prachtige beelden onder het puin. Vier van de grootste tempels staan nog overeind; de allergrootste, die van Amenhotep III, is alleen nog maar te herkennen aan de twee kolossale beelden van de koning die voor de grote pylon stonden en een enorme stèle een eind verderop. Resten van beelden liggen in de uitgedroogde modder van dit nogal altijd onvruchtbare stuk grond. De twee beelden staan nu bekend als de kolossen van Memnon. Eigenlijk is alleen het noordelijke beeld de echte 'Memnon', maar de naam ging later over op beide beelden.

De dodentempel is van oorsprong oeroud. Reeds in de prehistorie zijn de voorlopers ervan te onderkennen, zij het in eenvoudige vorm. Het was toen de ruimte waarin het eten en drinken voor de daar begravene stond opgesteld en waar bepaalde rituelen werden gehouden om zijn voortbestaan te garanderen. Het belangrijkste was dat de nabestaanden zorgden dat voedsel en drank geregeld ververst en vernieuwd werden. In de Piramidentijd is dat vertrekje al uitgegroeid tot een speciale cultuskamer waarin priesters de geregelde diensten leidden, terwijl de koningen een dodentempel bij hun piramide hadden op de grens van het akkerland.

De verzorging van het leven in het hiernamaals was een vrij kostbare zaak. De verzorging der altaren en het geregeld brengen van offers, plus de diensten van de priesters die de rituelen moesten verrichten en de dodenteksten oplezen, was duur of men nu een voornaam persoon of de koning zelf was. De naam van de dode moest geregeld worden genoemd en daarvoor was hij of zij aangewezen op de familie, in het bijzonder de oudste zoon. We moeten hier even opmerken dat men in het oude Egypte niet bang was voor de doden. Ze leefden voort in het hiernamaals zoals iedereen dat hoopte te doen. Wie wel bang moesten zijn waren de doden, want hoe de levenden zo ver te krijgen dat ze zorgden voor dat tot in de 'eeuwigheid' reikende 'tweede leven'? Men was realistisch genoeg om te beseffen dat latere generaties zich wel eens aanzienlijk minder om de doden zouden kunnen bekommeren dan de eigen kinderen en kleinkinderen. Als die generaties arm werden kwam er een einde aan de zorg voor de voorouders. Er moest dus iets op gevonden worden.

Dat 'iets' lag natuurlijk voor de hand: zorgen dat er altijd middelen waren om de vereiste erediensten te houden, dat wil dus zeggen: ervoor zorgen dat de dodentempels in het bezit waren van landerijen waaruit alles betaald kon worden. De opbrengst uit aan de tempel vermaakte of geschonken landerijen was voor de dode – en eventuele familie – en voor de priesters. Daardoor kon het voorkomen dat bepaalde dodentempels vaak duizend jaar en langer in functie konden blijven door de zeer rijke schenkingen van reeds half vergeten mensen, wier namen echter nog altijd werden geciteerd. Oorspronkelijk was deze regeling er alleen voor de farao die de eigenaar was van alle grond in de Twee Landen. Al spoedig kwam het gebruik in zwang om een belangrijk iemand voor zijn diensten te belonen door de schenkingen van een graf, een *mastaba*, die gebouwd kon worden met materiaal uit de koninklijke pakhuizen. Doordat deze mastaba's dicht bij de piramide van de farao lagen (zoals in Gizeh prachtig te zien is), deelde de dode in de koninklijke offers en erediensten. Dit systeem kon echter alleen werken in een tijd waarin de koning oppermachtig en het aantal gunstelingen klein was.

Op deze overzichtskaart van Thebe is duidelijk de ligging van de dodentempels ten opzichte van de graven in de Vallei der Koningen te zien.

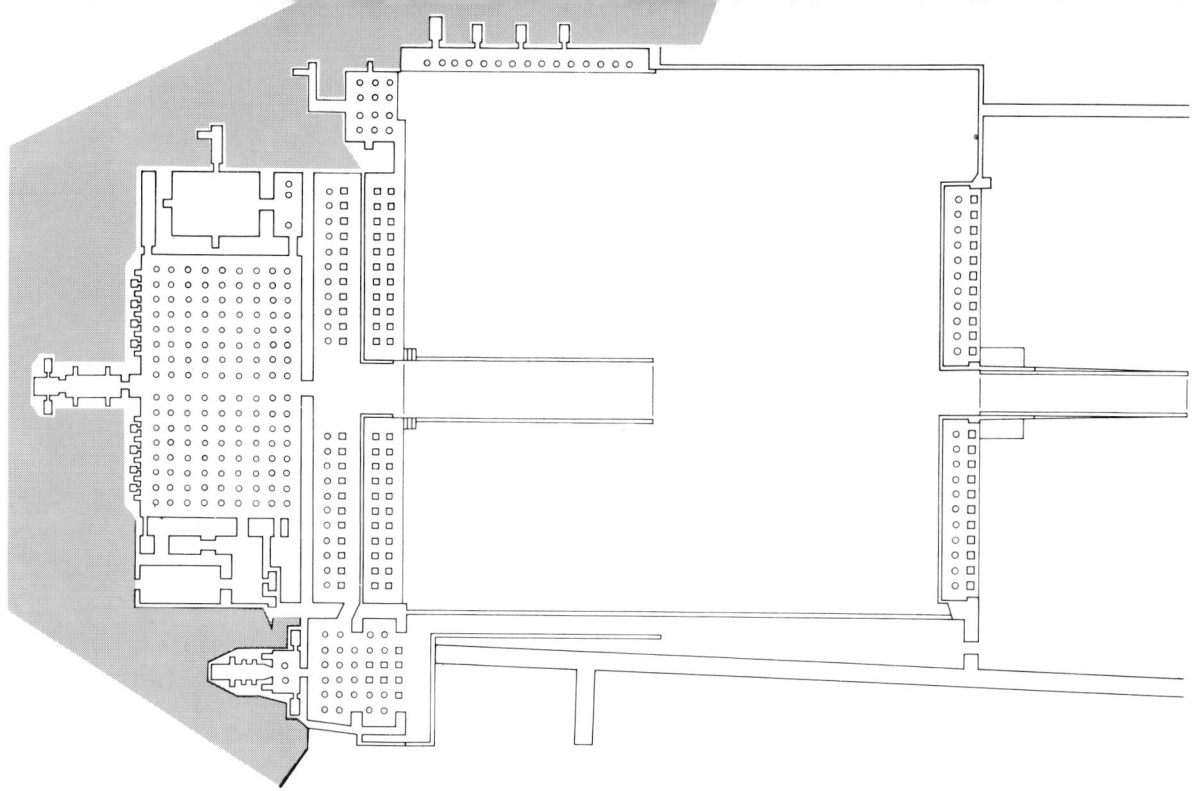

Links: Een blik vanaf de hoge bergwand op de dodentempel van koningin Hatsjepsoet te Deir el-Bahari.
Op de voorgrond de schamele resten
van een kapel van Thoetmosis III.

Boven: Plattegrond van de dodentempel van Hatsjepsoet.

Linksonder: Plattegrond van de
dodentempel van Ramses II

Rechtsonder: Plattegrond van de
dodentempel van Ramses III.

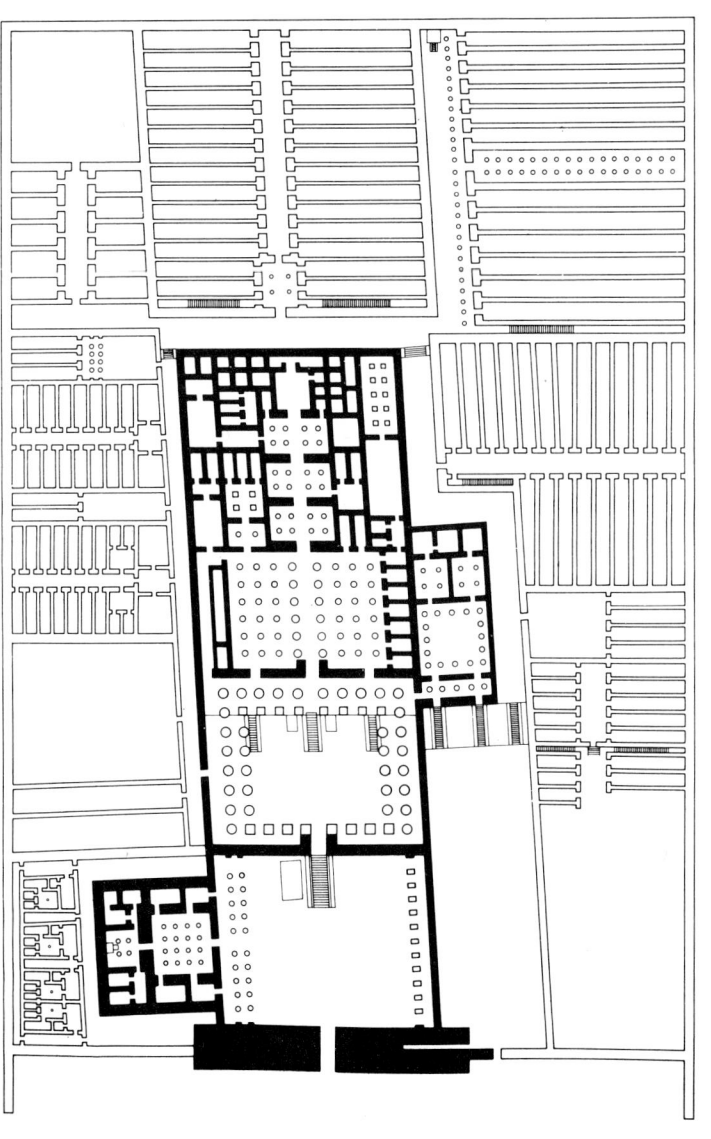

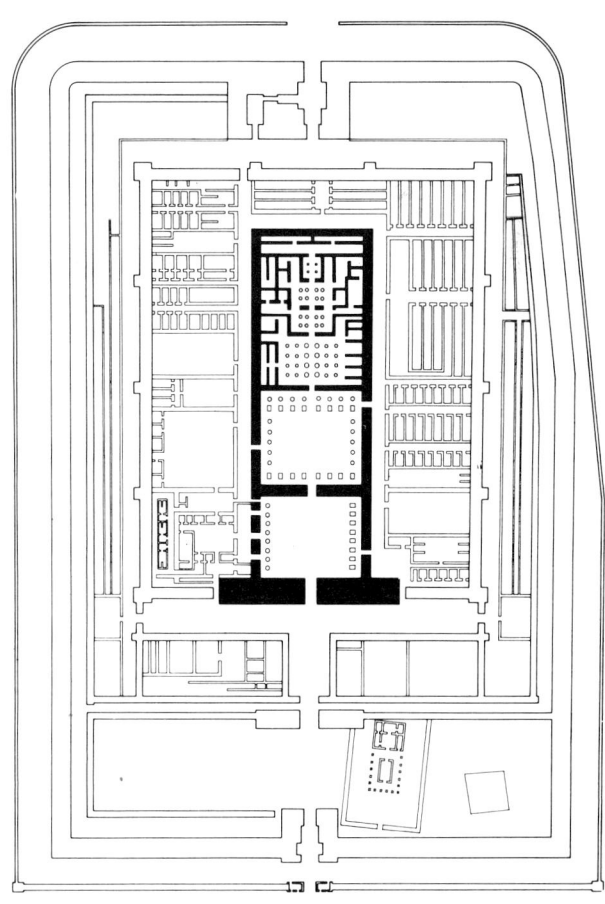

Toen de regering gedecentraliseerd raakte en de grond in handen kwam van steeds machtiger wordende edelen moest er iets anders op gevonden worden. De koning behield zijn dodentempel, maar de edelman stelden, een *ka*-priester aan voor de diensten in de kapel van zijn graf en wees landerijen aan waaruit een en ander bezoldigd moest worden. Dit alles leidde tot verkaveling van het grondbezit en daarna kwam er een nieuw systeem: bij het graf behoorde voortaan één stuk grond en dit werd altijd beheerd door de oudste zoon. De doden van de familie deelden het graf met hem voor wie het oorspronkelijk werd aangelegd.

In het Nieuwe Rijk, de tijd waarin de Vallei der Koningen tot stand kwam, ontstond een ander systeem. Door zure ervaringen was men er wel achtergekomen dat het lot der doden na uitsterven van de familie treurig werd en voortaan plaatsten de notabelen hun beelden zo dicht mogelijk bij de plaats waar de offers voor de koning werden gebracht zodat ook zij er deel aan hadden. Door het lot van de dode te verbinden aan dat van de overleden koning had men een nieuwe oplossing voor het probleem gevonden. Toch was ook dit systeem niet waterdicht. De verwaarlozing en het verval der graven en de talloze berovingen die er plaats hadden, brachten de mensen ertoe de offermaaltijden niet alleen van de levenden te doen afhangen, maar deze veilig te stellen door ze uit te beelden op de grafwanden waar ze door magie tot levende waarheid konden worden gebracht. De combinatie van echte offers, afbeeldingen en magie leken een zekere en veilige methode.

Dat een dodentempel van een koning – en alle koningen die in de Vallei begraven werden zorgden ervoor er één te laten bouwen – heel wat onkosten vergde is begrijpelijk. Zo'n Huis van Miljoenen Jaren was nog heel wat meer dan wat vroeger een dodenkapel impliceerde, want in deze tempel verenigde de dode farao zich met de goden en in het bijzonder met Amon, die de verpersoonlijking van de zonnegod was. Er is dan ook eigenlijk geen onderscheid meer tussen een dodentempel en een godentempel.

De vier dodentempels die nu nog min of meer gaaf bestaan worden geregeld bezocht. Een ervan is de mooiste tempel van heel Egypte: de dodentempel van koningin Hatsjepsoet bij Deir el-Bahari. Een andere is enorm groot: die van Ramses III bij Medinet Haboe. Een is er bijna gaaf: die van Sethi I waar tegenwoordig haast niemand meer komt, maar die wel het terrein is van recente grote opgravingen. De vierde is romantisch en mooi en heeft geregeld aanleiding gegeven tot moralistisch opgestoken vingertjes: Ziedaar hoe het de groten der aarde vergaat! Dat is het Ramesseum van van Ramses II waar het door een aardbeving omver gestorte beeld van de koning – eens 18 meter hoog en 1000 ton zwaar – gewoon vráágt om moraliseren, vooral natuurlijk in de negentiende eeuw toen men dat nog niet paternalistisch vond of het als betutteling beschouwde, maar wel als heilzame les voor de ziel. Een vijfde dodentempel, van Amenhotep III, bestaat niet meer maar moet immens groot zijn geweest. Men loopt ongeveer twintig minuten vanaf de kolossen van Memnon tot de plaats waar de achterwand heeft gestaan.

De tempel van Deir el-Bahari is uniek, niet alleen vanwege de vorm – drie terrassen die door middel van hellende wegen met elkaar in verbinding staan – maar ook door de schitterende ligging aan de voet van de Thebaanse bergen, waardoor de tempel er één geheel mee vormt. De vorm is ook totaal nieuw. De man die dit gebouw ontwierp en uitvoerde is ons bij name bekend. Het was de gunsteling van koningin Hatsjepsoet (en mogelijk haar minnaar) die als architect een hoge positie aan het hof bereikte, maar later in ongenade viel. Een lot dat hij met zijn koningin deelde.

De reusachtige terrassen van de tempel waren voorzien van vijvers, bomen, bossages en bloemperken, waarvan de sporen nog te zien zijn als de zon laag staat. Duidelijk ziet men dan inzinkingen in de grond. Een merkwaardigheid waar bijna iedereen zonder ze te zien langs loopt, vormen de korte, afgezaagde stammetjes van twee heilige persea-bomen, binnen kleine ijzeren hekjes bij de ingang van het tempelcomplex.

In de glorietijd van deze tempel waren tussen de colonnades bontgekleurde reliëfs te zien van de goddelijke geboorte van de koningin (zelden werd een zwangere vrouw zo teder afgebeeld als de moeder van koningin Hatsjepsoet) en de beroemde expedities naar Poent die tijdens haar regering werden uitgevoerd. Twee prachtige gebouwen staan links en rechts van de centrale tempel: de Anoebiskapel en de Hathorkapel (die er bij de bouw reeds stond), die in de rotswand een kapel heeft waarin de beroemde Hathorkoe van het Museum van Caïro ongestoord en gaaf gevonden werd.

De dodentempel van koningin ▷
Hatsjepsoet (1503/1498-1483
v.C.) te Deir el-Bahari.

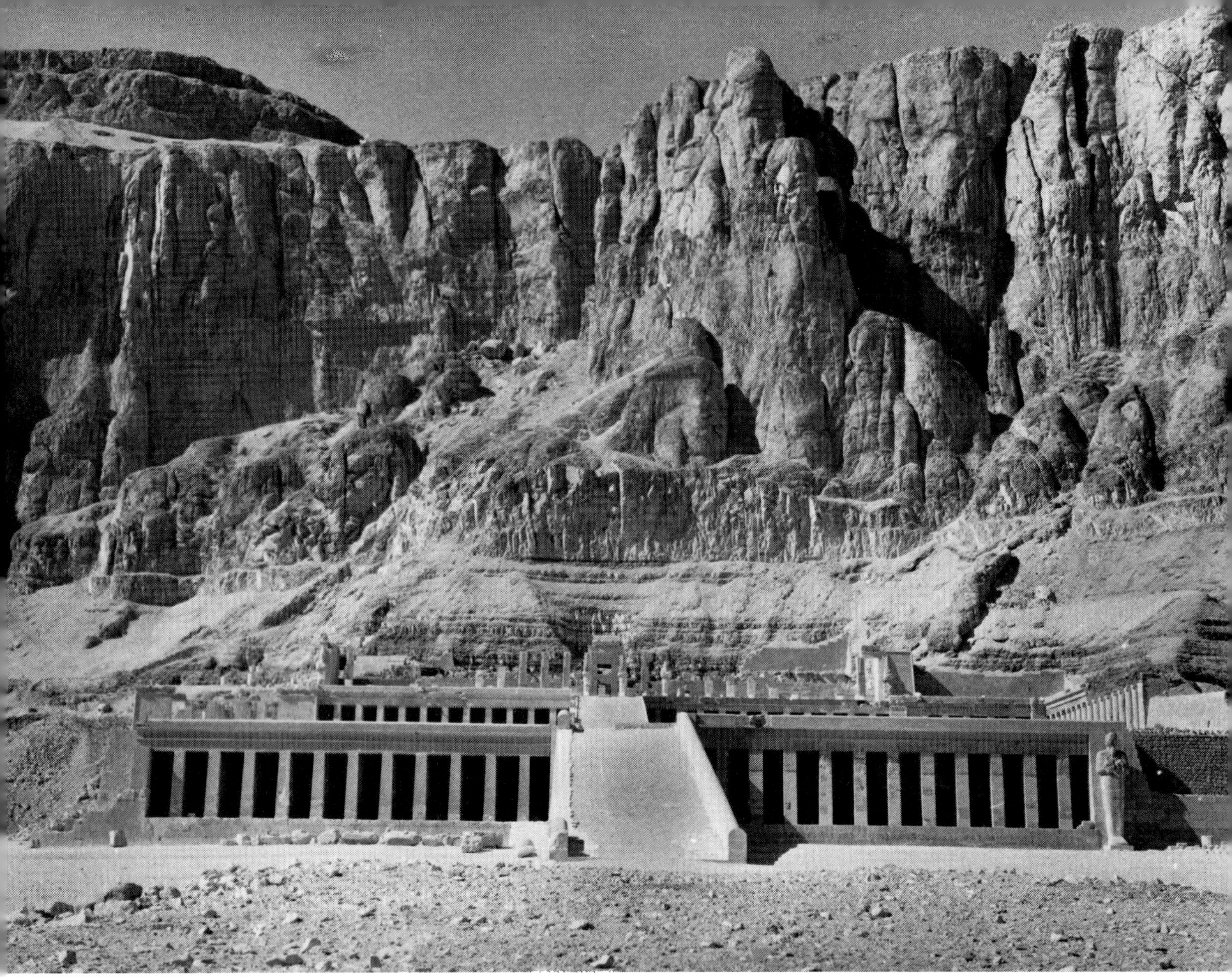

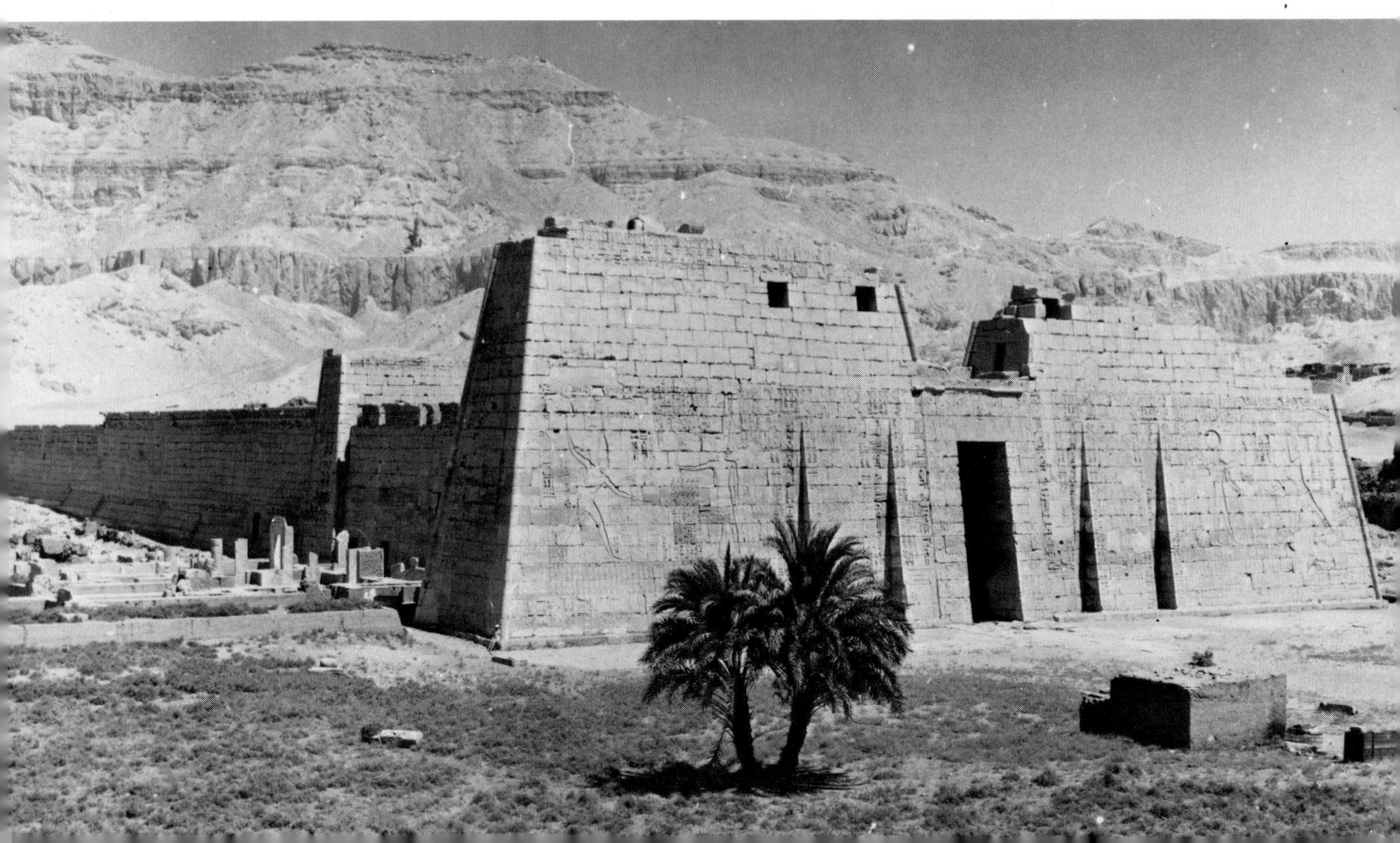

◁ *Linksboven: De dodentempel van koningin Hatsjepsoet te Deir el-Bahari, gelegen tegen een steile bergwand.*

◁ *Linksonder: De dodentempel van Ramses III te Medinet Habu. Achter de bergen rechts ligt de Vallei der Koningen.*

Onder: De twee Kolossen van Memnon geven de plaats aan waar eens de reusachtige dodentempel van Amenhotep III stond.

Het allerheiligste bevindt zich op het derde terras met de Osirisbeelden van de koningin, de rijen zuilen en de granieten toegang tot de voornaamste kapel, die diep in de bergwand doordringt. De dodenkapel van de koningin – waarvoor de tempel dus gebouwd werd – ligt links. Senmoet, de architect, liet hier en daar in de tempel op discrete en nauwelijks te vinden plekjes zijn 'handtekening' achter.

De tempel van Amenhotep III is nauwelijks te beschrijven, uitgezonderd dan die twee giganten van kalksteen, waarvoor de Grieken en Romeinen zo'n eerbied hadden. Zonder hun sokkel zijn deze twee uit één blok steen bestaande beelden 15 meter hoog. De tempel was de schepping van Amenhotep, zoon van Hapoe. Deze architect was zo beroemd, dat hij later eveneens een dodentempel mocht laten bouwen vlakbij Medinet Haboe. Er is helaas bijna niets meer van over. Amenhotep, zoon van Hapoe, kreeg nóg een beloning: hij werd later in de geschiedenis vergoddelijkt.

De twee kolossen van Memnon werden altijd al bewonderd, maar hun grote faam kregen ze pas in 27 v.C. toen een zware aardbeving (overigens niets vreemds in Zuid-Egypte!) de noordelijke kolos ter hoogte van zijn gordel doormidden spleet. Van die tijd af veroorzaakte de door die spleet waaiende wind 's ochtends een vreemd geluid waar men natuurlijk direct magische oorzaken aan toeschreef. Het verhaal ontstond dat dit geluid, dat vaak bij zonsopgang klonk (temperatuursverandering na de koele nacht), de jammerkreten waren van Memnon, die voor Troje gesneuveld was en nu met een klagende kreet het verschijnen van zijn moeder, de rozevingerige dageraad Eos, begroette. De godin hoorde de klacht en haar tranen vielen als dauw op aarde. Klonk de klacht niet dan was Memnon boos. Pausanias geloofde heilig in dit verhaal maar de scepticus Strabo niet, hij vertrouwde de zaak niet. Toen later keizer Septimus Severus met goede bedoelingen het beeld repareerde werd Memnon-Amenhotep weer stom tot op de dag van vandaag. Maar nog altijd getuigen de talloze graffiti op voeten en benen van de noordelijke kolos van de vele klassieke toeristen – waaronder keizer Hadrianus – die hier naar toe kwamen.

Boven: *De dodentempel van Sethi I (1291-1279 v.C.) te Qoernah.*

Onder: *De dodentempel van Ramses II (1279-1212 v.C.), het Ra-*

messeum. Rechts omgevallen en in stukken gebroken beeld van de farao.

Boven: De grote zuilenzaal de dodentempel van Ramses II.

Onder: De dodentempel van Ramses III (1182-1151 v.C.) te Medinet Haboe; op de voorgrond het heilige meer van de tempel.

De dodentempel van Sethi I te Qoernah.

Rechts: Beschilderd reliëf in een kapel van de dodentempel van

Hatsjepsoet; rechts is Thoetmoses I afgebeeld.

De volgende dodentempel is die van Sethi I, een tempel die even mooi is als het graf van deze farao. De pylon is op het fundament na verdwenen, maar de prachtige zuilengalerij aan het einde van de eerste voorhof is nog intact en laat zien hoe groots opgezet dit gebouw was. Door een goede restauratie, onder andere van het dak, geeft de tempel een uitstekende indruk van hoe zo'n dodentempel er moet hebben uitgezien.

Het monument van Ramses II – het Ramesseum – heeft als bijzonderheid dat hier de talloze magazijnen voor het opslaan van het tempelbezit nog aanwezig zijn, Ze hebben allemaal een gewelfd dak. Deze magazijnen zijn van tichels en voor de gewelven werden speciale tichels vervaardigd die een gebogen vorm mogelijk maakten. Het hele tempelcomplex was omsloten door een hoge muur die nu is vervangen door een dijk. De tempel zelf is een romantische ruïne en het kolossale beeld van Ramses, dat in brokken op de grond ligt, is nog altijd een van de toeristische trekpleisters. De pylon staat op instorten en van het kleine paleis waarin de koning verbleef als hij voor het vervullen van de nodige riten in de tempel aanwezig moest zijn, zijn slechts wat brokstukken over. Maar de tweede voorhof, met de Osirisbeelden van de farao en de zuilenhal daarachter, is nog steeds imposant.

Een paleis werd ook gebouwd binnen de muren van de reusachtige tempel van Ramses III. Hier verbleef de farao bij zijn bezoeken aan de tempel die al tijdens zijn leven functioneerde. Vanuit een centraal vertrek voerde een lage trap een zogenaamde 'verschijningsvenster' op de binnenhof van de tempel waar de koning zich in al zijn grootheid kon vertonen aan priesters en de hooggeplaatsten die er toegang hadden. Reliëfs van de heldendaden van de farao sieren de buitenzijden van de tempelmuren en op de achterkant van de hoge en nog zeer gave en zelfs binnendoor te beklimmen pylon staat het beroemde 'stierenreliëf', dat de koning toont terwijl hij op jacht is in de moerassen om er op hazen, struisvogels, wilde ezels, gazellen en wilde stieren te jagen.

De tempel draagt nu de naam Medinet Haboe, 'Stad op de schervenhopen'. Inderdaad liggen er aan de achterkant van de tempel, waar vroeger de paleizen van de 18de dynastie lagen en Echnaton en zijn broers opgroeiden aan het hof van hun ouders Amenhotep III en koningin Teje, reusachtige schervenhopen alsof duizenden keukenhulpen hier eeuwenlang kruiken en borden van aardewerk hebben gebroken. Deze hopen strekken zich tot vrij ver naar het zuiden uit. Aan het einde van het Nieuwe Rijk werd in Ramses' tempel de administratie van de necropolen gevestigd. Nog veel later vestigden zich Kopten in de tempel; zij bouwden een hele stad op de tempelmuur en de administratiegebouwen.

Een ramp in de Vallei?

Ieder jaar bezoekt een miljoen toeristen uit een groot deel van de wereld de Vallei der Koningen en hoe groot het over de tijd gemeten totale aantal is laat zich nauwelijks berekenen. Grieken en Romeinen, Arabieren, Europeanen en daarna andere wereldburgers hebben zich verbaasd over wat hier te vinden was en nog steeds is. Maar . . . hoe lang kan het nog duren voordat onherstelbare schade zal zijn aangericht? Als het aan de archeologen ligt zou de Vallei zo snel mogelijk voor ieder niet-wetenschappelijk bezoek moeten worden gesloten – anders is het onheil niet te keren. Maar in dat geval wacht een nieuw onheil: Egypte kan moeilijk de vele miljoenen missen die het snel groeiende toerisme oplevert, en dat betekent dat men de uitvoering van de aanbevelingen in het rapport van het Museum van Brooklyn (USA) uit alle macht zal proberen te verschuiven naar een vage toekomst.

Het rapport verscheen in 1977 en was een samenvatting van een grootscheeps onderzoek dat werd uitgevoerd op verzoek van de voormalige directeur van Egyptische Oudheidkundige Dienst, dr. Gamal Mochtar. Het heeft betrekking op de vallei zelf en de desastreuze toestand van het merendeel der daar aanwezige graven. De werkzaamheden werden verricht door enige Amerikaanse ter zake kundige bureaus, met als 'field-director' John Romer, een egyptoloog. Wat bij dat diepgaande onderzoek aan het licht kwam was meer dan schrikbarend. De koningsgraven blijken snel te vervallen en er moet op korte termijn een aanpassingssysteem worden gevonden om te redden wat er nog te redden valt. Vijf jaar lang werkte een team van geologen, ingenieurs, technici, archeologen en egyptologen aan het veldwerk, niet alleen in de vallei zelf maar ook in de aangrenzende bergen en hoogvlakten.

Wat zijn nu de oorzaken van dat snelle en schrikbarende verval in een dal dat alleen tussen 8 uur 's ochtends en 13 uur 's middags door groepen mensen wordt bezocht, maar dat er de rest van de dag leeg en verlaten bij ligt? Zo op het oog ziet de vallei er gaaf en ongeschonden uit, al zijn de sporen van de mens natuurlijk aanwezig: een restaurant, een parkeerterrein, een groot aantal koningsgraven, al dan niet afgesloten, en de talloze paden en weggetjes. Maar die gaafheid is schijn.

In de eerste plaats zijn er de klimatologische omstandigheden, die doorwerken in de aarde zelf. Dit land, dat er uitziet alsof water er een totaal onbekend element is, heeft geregeld, weliswaar met grote tussenpauzen, te lijden van immense overstromingen die worden veroorzaakt door de regenstormen op de kale hoogvlakten in de woestijnbergen. Howard Carter beleefde op 25 oktober 1910 een dergelijke overstroming. Langs de steile heuvels van vrij zachte steen, maar ook op de bodem van het dal werden geulen uitgeslepen die een diepte bereikten van 120 centimeter. Rotsblokken met een doorsnede van 60 centimeter werden door de stortvloed meegesleept en honderden meters verder weer neergesmakt. In de smalle kloof waarin zich halverwege de verticale eindwand van het graf van Thoetmoses III bevindt, donderde een waterval van 20 meter hoogte op het puin neer en sleepte dat mee de vallei in. De sporen van deze en alle voorafgaande watervallen zijn duidelijk waar te nemen.

In de tweede plaats is het juist de voor de aanleg van graven zo buitengewoon geschikt lijkende samenstelling van de grond, die het grootste gevaar voor hun voortbestaan betekent. De grond in de vallei bestaat om en om uit lagen kalksteen met veel grote en kleine brokken vuursteen en een heel zachte leisteen die sterk is vermengd met klei. Deze lagen *shale* zijn meestal een paar meter dik zodat men, door ze te verwijderen, een vloer en een plafond van kalksteen overhield, terwijl men zijmuren, zuilen en steunpijlers van *shale* kon laten staan. Vaak werd de vorm van een graf uiteindelijk bepaald door het verloop der aardlagen. Waar in de aarde bestaande barsten tussen kalksteen en *shale* voorkwamen werden die dankbaar benut om het werk te vergemakkelijken. De werklieden in de oudheid konden niet vermoeden dat juist deze barsten zouden leiden tot vernieling van de graven.

◁   *De 'Kolossen van Memnon' beelden*
van de farao voor de ingang van
de nu verdwenen dodentempel van
Amenhotep III (1386-1349 v.C.).

Wat er zich in de loop van de eeuwen heeft voorgedaan komt eenvoudig gezegd op het volgende neer: bij een overstroming liep het water in de diep gelegen graven en werd daar opgezogen in de poreuze *shale*. Vooral de scheidings- en zijmuren, de pijlers en zuilen werkten hieraan mee door hun grote oppervlakten. Door de vochtopname begon de klei in de *shale* uit te zetten en er ontstond een enorme druk die men heeft kunnen meten: 280000 kilo per vierkante meter . . . Via de zuilen en muren werd deze druk uitgeoefend op vloer en plafond. Tussen pijlers en plafond vooral ontstonden breuken, maar ook de dragende muren tussen de verschillende vertrekken begonnen diagonale barsten te vertonen. Van de plafonds raakten vaak grote steenplaten los die voorlopig echter nog wel bleven hangen.

Dan begon langzaam in de zeer droge lucht van de vallei die tenslotte in de graven doordrong, het water uit de rotsen

Het diepste deel van het graf van Ramses III (nr. 11) staat op instorten. In het begin van deze eeuw is het graf vol water gelopen. Door vochtinwerking ontstond grote druk op vloer en plafond, met als gevolg dat de rots verkruimelde.

te verdampen en ook het ondergrondse water zakte langzaam weg. De *shale* kromp dus weer in en het vernietiging-sproces was niet meer te stuiten. Van de zolderingen stortten de loslatende platen omlaag waardoor het graf vol puin en rotsblokken kwam te liggen, terwijl de zuilen losraakten van de plafonds die ze behoorden te schoren.

Naast deze klimatologische omstandigheden veroozaakten ook lichte aardbevingen in de loop der eeuwen aanzienlijke schade. Vooral echter het in de moderne tijd ontstane massatoerisme dreigt een ware ramp voor de graven in de vallei te betekenen. Vele toeristen kunnen het niet nalaten even aan de muren te krabben om te zien of de verf echt nog vast zit of met scherpe voorwerpen hun naam op reliëfs en schilderingen aan te brengen. Anderen laten in de graven allerlei rommel achter: peuken, papieren, vruchteschillen, plastic zakken, en in geval van (hoge) nood worden de onverlichte zijvertrekken dikwijls als toilet gebruikt. Waar grote groepen door smalle gangen moeten trekken, wrijven ze ongewild met hun schouders langs de wanden, die daardoor spiegelglad zijn geworden. Erger is nog dat ten gerieve van de toeristen wandelwegen in de vallei zijn aangelegd, goed verhard en voorzien van 70 centimeter hoge muren tegen rollend puin. Deze wegen lopen vanuit het centrale punt – bij het restaurant en de graven van Sethi I en Toetanchamon – naar de verschillende zijdalen. Om die keurige wegen te maken werden de bestaande oude paden vaak meters opgehoogd opdat er – het comfort gaat tenslotte vóór alles – niet al teveel hellingen genomen hoefden te worden. Bij de eerstvolgende overstroming zal het water via die verhoogde wegen, omsloten door de muurtjes en dus ook nog opgestuwd, regelrecht in de bijna overal dieper liggende graven binnenstromen.

Een tweede laakbaar punt is de afsluiting van de vallei aan het einde van de toegangsweg met een paar hoge muren, een bewakershuisje en een stevig ijzeren hek. Dit alles om de entreekaartjes te kunnen controleren. Het houdt echter geen onbevoegden tegen, want die kunnen over de heuvels klimmen en zo van alle kanten in de vallei doordringen. Bij een overstroming gaan echter die muren en het huisje werken als een dam, en ook deze zal het water opstuwen omdat het via het traliehek nooit snel genoeg kan wegstromen.

Het Brooklyn-rapport heeft al deze en nog talloze andere onweerlegbare feiten op een rijtje gezet en de maatregelen genoemd die moeten worden genomen. De adviezen liegen er niet om: wil men voor het nageslacht nog iets bewaren dan moet de Vallei der Koningsgraven dicht, voorgoed!

Zonder uitstel, verklaart het rapport, moet er een geologisch, hydrografisch en archeologisch onderzoek komen. Niet alleen in de vallei zelf maar ook in het omliggende gebied moet men weten wat er gebeurde, gebeurt en te wachten staat. Eerst dan zal men weten wat er eventueel te doen is tegen de volgende overstromingsramp. Verder kan men door een dergelijk diepgaand onderzoek allerlei interessante gegevens verzamelen over bijvoorbeeld het klimaat in Egypte tijdens de regering der farao's, want daar weten we tenslotte weinig van af. Elk graf dat nog niet werd gereinigd, moet onverwijld en op wetenschappelijke wijze worden onderzocht en gedocumenteerd, opdat er – al is dat een schrale troost – tenminste op papier en film iets blijft bestaan. De toekomstige overstromingen zullen zoveel mogelijk moeten worden afgeleid naar andere *wadi's* (droge rivierbeddingen) om de vallei te ontlasten. Er moet ook een verbod komen, bij voorkeur voorlopig, om de sedimenten uit bepaalde graven te verwijderen, want juist die steenhard geworden aardlagen geven zo'n graf bescherming en houden het enigszins in vorm.

Grond en puin, maar ook het grondwater, moeten worden bestudeerd. De voornaamste barsten en breuken in de grond en de graven moeten worden vastgesteld en voorzien van gipszegels om te kunnen controleren of er beweging in de aarde zit. In vele graven zijn al heel wat van die zegels aangebracht, die hun nuttige verklikkerswerk dikwijls voor niets verrichten, omdat men er te weinig naar gaat kijken. Het vochtgehalte van het puin, de rotsen en de grondoppervlakte moet worden vastgesteld. In alle graven moet de kalksteen worden getest op aard en ernst van bewegingen en breuken. In elk graf moeten thermo- en hygrometers worden aangebracht die geregeld moeten worden afgelezen. De schadelijke zouten, die met hun verwoestende uitbloei zoveel prachtige reliëfs en schilderingen totaal hebben vernietigd, moeten worden geanalyseerd. En tenslotte moeten alle graven afgesloten worden voor toeristen.

Men denkt wel aan de mogelijkheid om ten aanzien van één of meer graven te handelen zoals bij de rotstempels van Aboe Simbel werd gedaan: door bij voorbeeld uit het graf van Sethi I alle voorstellingen in plakken van muren en zuilen te halen en die opnieuw aan te brengen in een bovengronds gebouwd 'graf', waar de bezoekers zonder schade aan te richten tussen hekken of glasplaten kunnen doorwandelen. Wat in Aboe Simbel met zoveel succes werd gedaan moet bij het veel kleinere graf van Sethi zeker uitvoerbaar zijn. Maar dat gaat wel zeer veel geld kosten.

De keuze behoort natuurlijk niet moeilijk te zijn, maar blijkt het wel te zullen worden. Een bezoek aan Egypte betekent niet alleen de sfinx en de piramiden-per-romantische-kameel, maar óók de koningsgraven. Indien er niets wordt gedaan kunnen we echter de vallei wel afschrijven, zo snel grijpt het verval om zich heen. En wat gaat er nu gebeuren? Voorlopig zwijgt Egypte als het (konings)graf.

De voornaamste graven in de Vallei der Koningen en in de Vallei der Koninginnen

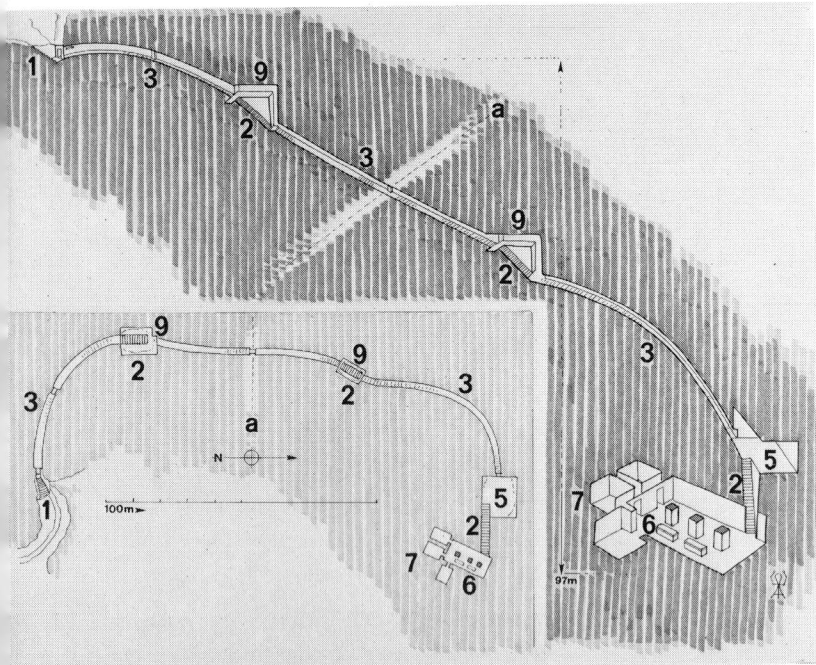

Graf van koningin HATSJEPSOET, (nr. 20), opstand en plattegrond
1 ingang
2 trap
3 gang
5 voorkamer; mogelijk grafkamer van een ouder ontwerp voor Thoetmoses I (?)
6 grafkamer; hier een pijlerzaal met de sarcofagen van Thoetmoses I en Hatsjepsoet. Deze staan nu in Boston en Cairo
7 zijkamer
9 voorkamer
a grens tussen kalksteen (boven) en veel zachtere *shale*

Graf van farao THOETMOSES III (nr. 34), opstand, plattegrond en doorsnede ravijn

1 ingang
2 trap; de eerste heeft zijnissen
3 gang
4 schacht
5 voorkamer; met twee zuilen
6 grafkamer; pijlerzaal met sarcofaag in situ
7 zijkamer
a situatie van het graf in het ravijn, doorsnede
b waterval
c moderne trap
d bergpad naar de Vallei der koningsgraven

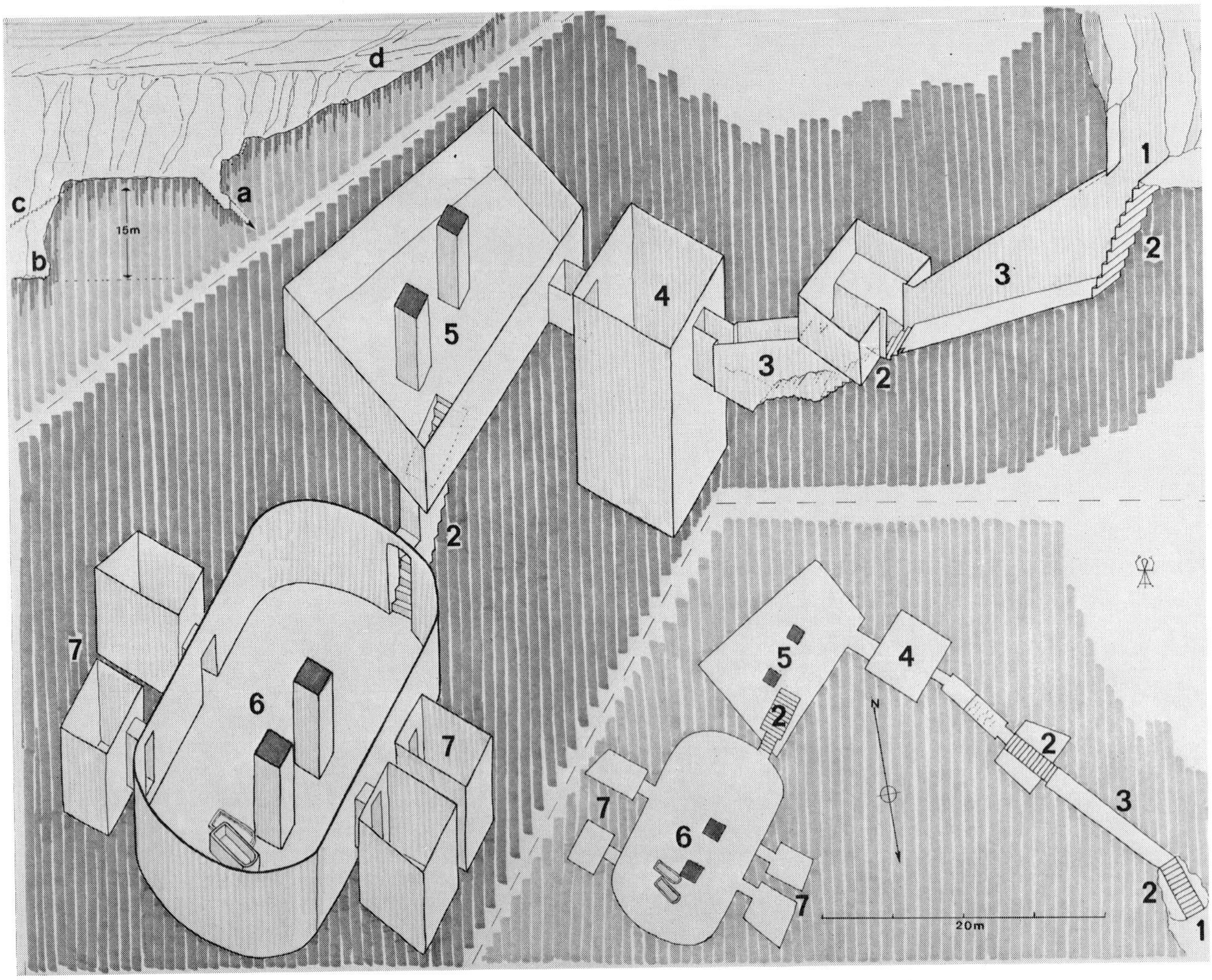

nr. 38 Thoetmoses I   nr. 42 Thoetmoses II   nr. 20 Hatsjepsoet   nr. 34 Thoetmoses III

	AHMOSE I
Regering	1570 - 1546 v.C.
Graf	vermoedelijk in Dra Aboe el-Naga
Mummie	in het museum van Cairo
Dodentempel	te Qoernah

	AMENHOTEP I
Regering	1551 - 1524 v.C.
Graf	geen graf gevonden
Mummie	in het museum van Cairo
Dodentempel	te Qoernah

	THOETMOSES I
Regering	1524 - 1518 v.C.
Graf	38
Ontdekt door	Loret in 1898 (1899 ?)
Diepte	± 20 meter
Toestand	beschadigd
Het graf is	beschilderd op stuc, zwaar beschadigd
Voorstellingen in het graf	illustraties uit het *Amdoeat*
Het graf is	gereedgekomen
Sarcofaag	in het museum van Boston
Mummie	in het museum van Cairo
In het graf gevonden voorwerpen	deksel van canope, albasten vaasfragmenten, glazen vaasfragmenten, twee blokken met *Amdoeat*teksten, fragmenten van sarcofaagbasis
Het graf is	onvolledig gepubliceerd en gedocumenteerd
Dodentempel	te Qoernah

Het graf is gesloten

	THOETMOSES II
Regering	1518 - 1504 v.C.
Graf	42
Het graf is	sterk beschadigd en onvoltooid
Sarcofaag	niet gevonden
Mummie	in het museum van Cairo
Dodentempel	te Qoernah

Het graf is gesloten

	HATSJEPSOET
Regering	1503/1498 - 1483 v.C.
Graf	20
(Her)ontdekt door	(uitgeruimd) Th. Davis in 1902
Bezocht door	Strabo bezoekt het in 24 v. Chr.; na hem bezocht door: Napoleons expeditie in 1799, Gordon in 1804, Belzoni in 1817, Lepsius in 1844
Toestand	vrij ruïneus
Diepte	97 meter; lengte 213 meter
Het graf is	gereedgekomen
Sarcofaag	in het museum van Cairo
In het graf gevonden voorwerpen	15 kalksteenblokken met reliëf voorstellingen uit het *Amdoeat*; 2 sarcofagen, waarvan die van Thoetmoses I in het museum van Boston; canopen kist; fundatiedepot (bij de ingang van het graf); vaasfragmenten van koningin Ahmes Nefertari, Thoetmoses I; diverse scherven; verbrande resten van een mummiekist, gezicht en voet van een houten beeld, enkele inlay's
Deze bevinden zich	in het museum van Cairo
Het graf is	onvolledig gedocumenteerd en gepubliceerd
Dodentempel	te Deir el-Bahari

Het graf is gesloten

Een ander (het eerste) graf van HATSJEPSOET bevindt zich in de Wadi Sikket Taqat Zaïd, 73 meter van de dalbodem en 43 meter van de bovenrand van de rotsen. Dit graf is 18 meter diep.

	THOETMOSES III
Regering	1504 - 1450 v.C.
Graf	34
Ontdekt door	Loret in 1898
Toestand	uitstekend, maar begint nu te scheuren
Lengte	± 30 meter
Er is een schacht	± 16 meter diep
Het graf is	beschilderd, voorstellingen uit het *Amdoeat*
Het graf is	gereedgekomen
Sarcofaag	in het graf
Mummie	in het museum van Cairo
In het graf gevonden voorwerpen	houten zwaan; papyri, modellen van toverstaven en gereedschap; deel van een strijdwagen
Deze bevinden zich	in het museum van Cairo
Het graf is	gedocumenteerd en gepubliceerd
Dodentempel	te Qoernah

Het graf is geopend

AMENHOTEP II

Regering	1453 - 1419 v.C.
Graf	35
Ontdekt door	Loret (uitgeruimd) in 1898
Toestand	goed
Lengte	± 50 meter
Er is een schacht	diepte?
Het graf is	beschilderd; voorstellingen uit het *Amdoeat*
Het graf is	gereedgekomen
Sarcofaag	in het graf
Mummie	in het museum van Cairo
In het graf gevonden voorwerpen	houten slang, kopje, Sechmet 4 barken met op één hiervan een mummie; albasten canopendeksel; gebroken vazen, scherven fayence en glas; oesjebti's; fragmenten van hout, albast, graniet. *In de crypte*: gebroken vazen; blauwe *anch*tekens en djedzuilen, gele houten koeiekop; vlees en fruit, waaronder olijven; *In 1e zijkamer rechts*: groene fayence vazen (kapot); houten panter; 3 mummies; kleine sarcofagen. *In 2e zijkamer rechts*: 9 kisten met koningsmummies (achter een muur) Verder nog: Westaziatisch kuras; honderden glasfragmenten; vele beelden; albasten canopenkist; blauw fayence amuletten; vazen van aardewerk, albast en fayence; polsbeschermer; kisten in diervorm met gemummificeerde inhoud: apen, eenden, duiven kwartels
Deze bevinden zich	in het museum van Cairo
Het graf is	gedocumenteerd en gepubliceerd
Dodentempel	te Qoernah
Het graf is geopend	

THOETMOSES IV

Regering	1419 - 1386 v.C.
Graf	43
Ontdekt door	Th. Davis in 1904
Toestand	redelijk
Er is een schacht	diepte?
Het graf is	beschilderd; voorstellingen: koning met goden
Het graf is	onvoltooid
Sarcofaag	in het graf
Mummie	in het museum van Cairo
In het graf gevonden voorwerpen	houten koeiekop; casco van strijdwagen; handschoen van de koning; houten godenbeelden *In 1e zijkamer*: voorwerpen van blauwe fayence; jongensmummie rechtop tegen muur. *In 2e zijkamer*: veel potten, graan *In 3e zijkamer*: gemummificeerde schenkels, ganzen; *In 4e zijkamer*: mummiewindsels; houten cartouche van Thoetmoses I; scarabee en albasten schotel van Hatsjepsoet en Thoetmoses IV; albasten vazen van Thoet-

moses III en Amenhotep II.
Verder: canopen, houten panelen met de koning als sfinx; delen van troon; boemerangs; gebroken glas; 2e houten koeiekop.

Deze bevinden zich	in de musea van New York (Metropolitan) Cairo, Londen (Brits Museum)
Het graf is	gedocumenteerd en gepubliceerd
Dodentempel	te Qoernah
Het graf is gesloten	

AMENHOTEP III (en TEJE)

Regering	1386 - 1349 v.C.
Graf	22 (in de Westvallei)
Ontdekt door	geleerden van Napoleons expeditie in 1799; onderzocht door Howard Carter in 1915
Toestand	slecht
Er is een schacht	diepte?
Het graf bezit	reliëfs (slechte toestand)
Het graf is	gereedgekomen
Sarcofaag	alleen deksel in het graf
Mummie	in het museum van Cairo
In het graf gevonden voorwerpen	Schedels en andere menselijke resten; oesjebti; dozen; sieraden; potterie; koningskop van groene schist; idem van albast; houten torso van Teje; Hathormenat; vóór het graf een fundatiedepôt van het graf van Teje
De voorwerpen bevinden zich	in de musea van Cairo, New York (Metropolitan), Parijs (Louvre)
Het graf is	onvolledig gepubliceerd
Dodentempel	te Qoernah (achter de Kolossen van Memnon)
Het graf is gesloten	

AMENHOTEP IV (ECHNATON)

Regering	1350 - 1334 v.C.
Graf	in Tell el Amarna in de Vallei der Koningsgraven is geen graf gevonden tenzij het 57 zou zijn of graf 23 in de Westvallei
Ontdekt door	Flinders Petrie in 1891-92
Toestand	Ruïneus
Er is een schacht	diepte?
Het graf is	gereedgekomen
Het graf bezit	zwaar beschadigde reliëfs
Sarcofaag	in het museum van Cairo (fragmenten)
Mummie	niet gevonden
In het graf gevonden voorwerpen	fragmenten van een roodgranieten sarcofaag; fragmenten van beelden van Nefertiti, Teje en Maketaton; een albasten canopenkist; veel oesjebti's
De voorwerpen bevinden zich	in de musea van Cairo, Oost-Berlijn
Het graf is	onvolledig gepubliceerd
Er is *geen* dodentempel	
Het graf is gesloten	

nr. 43 Thoetmoses IV

166

nr. 22 Amenhotep III

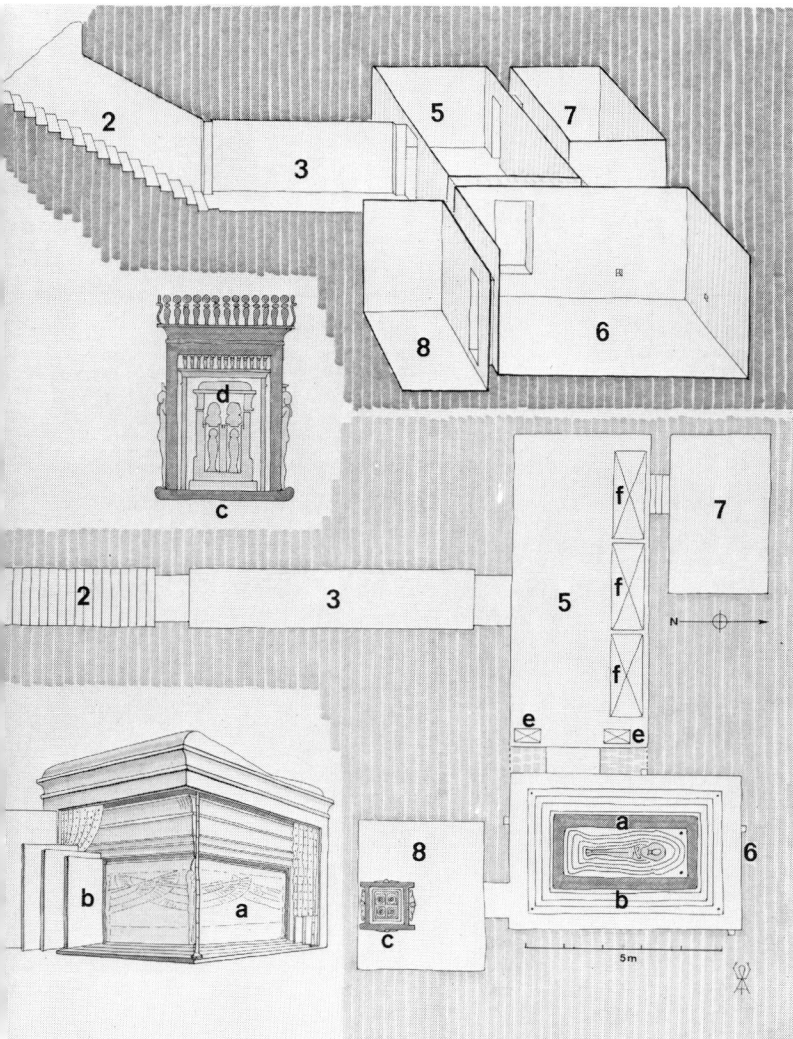

Graf van farao TOETANCHAMON (nr. 62), opstand, plattegrond
en perspectief van de gouden schrijnen

1 ingang
2 trap
3 gang; was afgesloten door een verzegelde deur
5 voorkamer; deuren voeren naar 6 en 7; deur naar 6 was eertijds
  verzegeld; de wand tussen deze vertrekken is 'opgebouwd'
6 grafkamer; in de wanden kleine nissen voor genii; er is een open
  doorgang naar 8
7 zijkamer
8 achterkamer; ook wel zijkamer of schatkamer genoemd
a sarcofaag waarin 3 mummiekisten, een gouden masker en de
  mummie
b de 4 schrijnen met ertussen het baarkleed
c canopenschrijn met 4 godinnen op de hoeken
d canopenkist waarin miniatuur-mummiekistjes
e koningsbeelden
f grafbedden

Graf van farao HOREMHEB (nr. 57), opstand en plattegrond
1 ingang
2 trap; de tweede en vierde hebben links en rechts nissen
3 gang; in het graf zijn 9 deuren of doorgangen
4 schacht; onderin zit mogelijk een zijkamer (niet ontgraven)
5 voorkamer; de eerste is een hal met 2 pijlers
6 grafkamer; crypte met sarcofaag in situ en boven in de muren
  nissen voor magische tegels
7 zijkamer; 6 stuks
8 achterkamer; onvoltooid
9 pijlerzaal met 6 pijlers en afgang naar de crypte

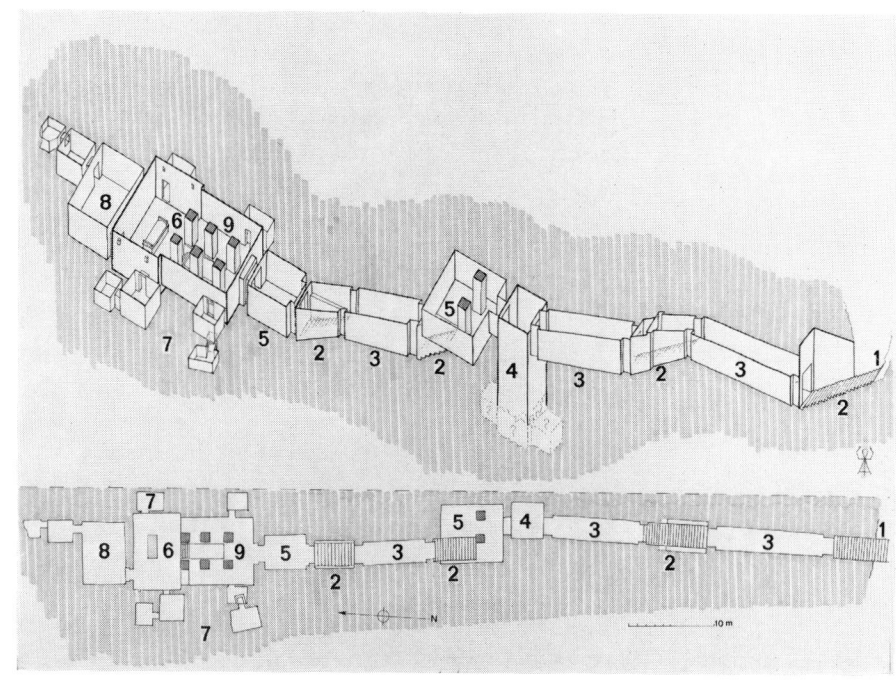

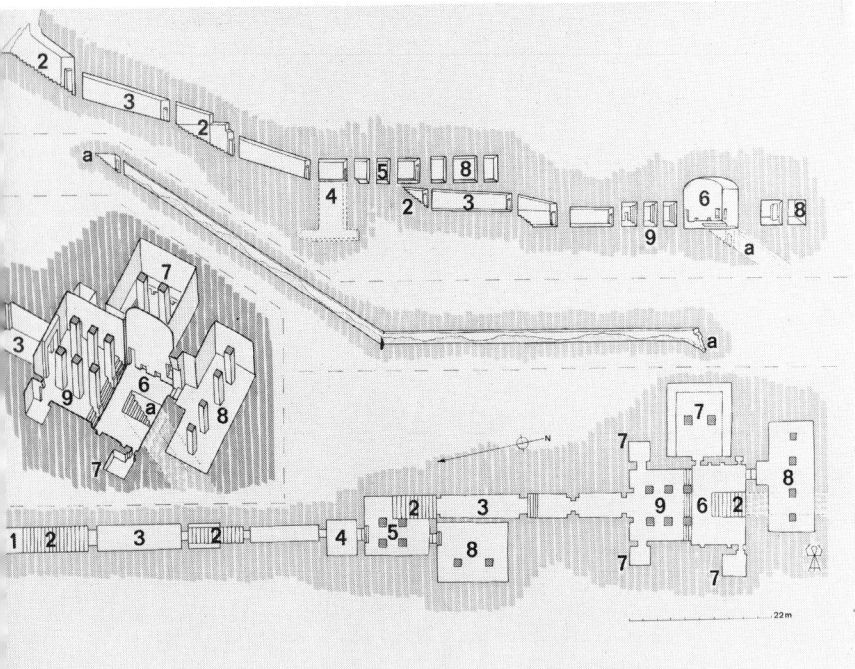

Graf van farao SETHI I (nr. 17), doorsnede, opstand grafkamer en plattegrond

1 ingang
2 trap; er zijn 6 trappen; de 2e heeft rechts en links nissen
3 gang; er zijn 9 deuren of doorgangen in het graf, dwz in de 'processieweg' die naar de grafkamer voert
4 schacht
5 voorzaal; er zijn 4 zuilen
6 grafkamer; crypte met lage nissen links en rechts; grotere nis met schildering van Osiris links bij de doorgang naar 8
7 zijkamer; er zijn er 4; de grootste links heeft 2 zuilen en een stenen tafel langs drie muurzijden
8 achterkamer; onvoltooid; de kamer achter 5 heeft wel schetsen
9 pijlerzaal met 6 pijlers en een trapje naar de crypte

nr. 17 Sethi I (links),
nr. 16 Ramses I

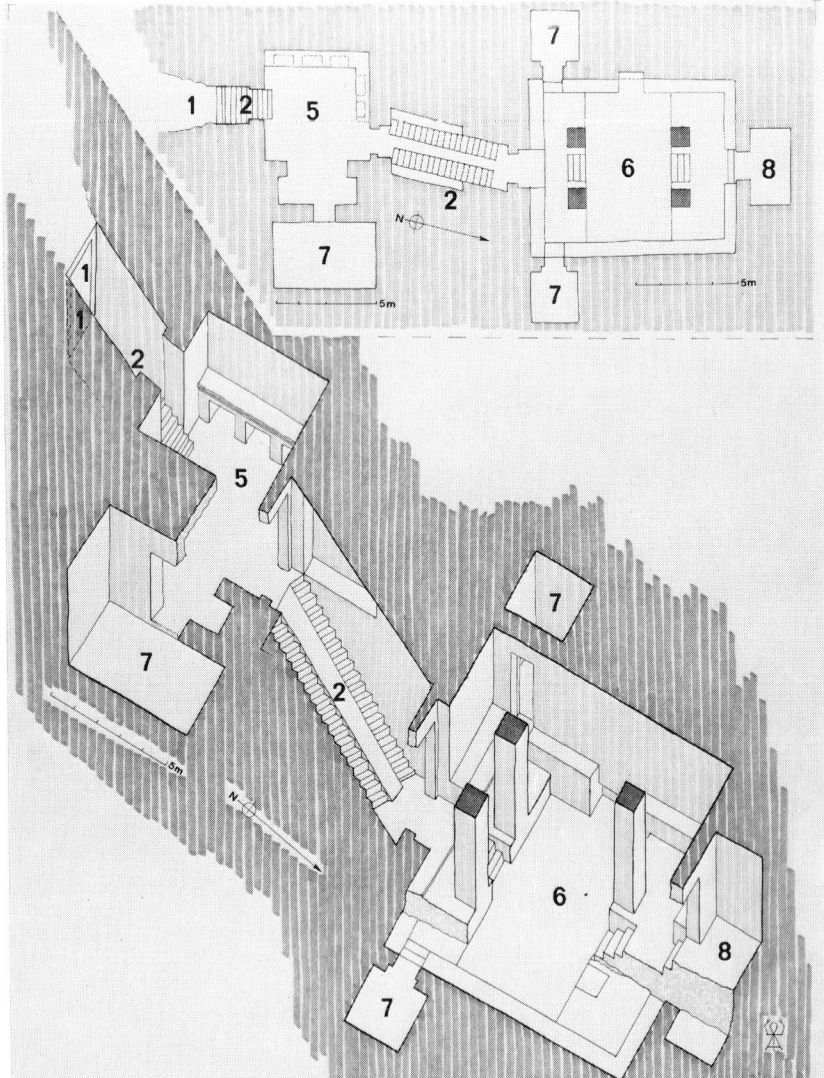

Graf van koningin NEFERTARI (nr. 66), plattegrond en opstand

1 ingang
2 trap; de tweede grote trap heeft links en rechts nissen en in het midden een hellend vlak
5 voorkamer; aan twee kanten een stenen tafel langs de wand
6 grafkamer; een pijlerzaal met crypte, balustrade, trapjes en een nis
7 zijkamer
8 achterkamer

nr. 23 Eje

nr. 16 Ramses I

SMENCHKARE

Regering	1336 - 1334 v.C.
Graf	55 (?)
Ontdekt door	Th. Davis in 1907
Toestand	ruïneus
Lengte	± 40 meter
Het graf bezit	geen reliëfs of schilderingen
Het graf is	onvoltooid
Sarcofaag	het graf bezit geen sarcofaag wel een mummiekist
Mummie	in Cairo, maar er bestaat nog steeds twijfel of deze toch niet van Echnaton is
In het graf gevonden voorwerpen	2 tichels met de namen van Echnaton en Toetanchamon; stenen dozen; door water verrot houtwerk; houten mummiekist, belegd met bladgoud, ingelegd met halfedelstenen; canopen; gouden voorwerpen die door de Egyptische regering werden omgesmolten tot goudbaren
De voorwerpen bevinden zich	in het museum van Cairo
Het graf is	onvolledig gepubliceerd
Dodentempel	onbekend

Het graf is gesloten

TOETANCHAMON

Regering	1334 - 1325 v.C.
Graf	62
Ontdekt door	Howard Carter in 1922
Toestand	uitstekend
Lengte	± 21 meter
Het graf bezit	schilderingen; deze zijn zwaar overwoekerd door donkere schimmels
Voorstellingen in het graf	begrafenis van de koning; koning Eje verricht begrafenis-riten; Toetanchamon brengt offers
Het graf is	in haast voltooid
Sarcofaag	in het graf
Mummie	in de sarcofaag
In het graf gevonden voorwerpen	complete grafuitrusting
De voorwerpen bevinden zich	in het museum van Cairo en deels in het graf
Het graf is	nimmer volledig gepubliceerd
Dodentempel	te Qoernah

Het graf is geopend

EJE

Regering	1324 - 1321 v.C.
Graf	23; in de Westvallei

(Ramses I)

Ontdekt door	Belzoni in 1816
Toestand	matig
Het graf bezit	schilderingen (beschadigd), waarvan de moerasscène uniek is
Voorstellingen in het graf	koning, moerasscène; delen uit *Amdoeat*
Het graf is	in haast voltooid
Sarcofaag	in Cairo; deksel in het graf (fragmenten)
Mummie	niet gevonden
In het graf gevonden voorwerpen	albasten canopenkist
Deze bevindt zich	in het museum van Cairo
Het graf is	niet goed gepubliceerd
Dodentempel	te Qoernah

Het graf is gesloten

HOREMHEB

Regering	1321 - 1293 v.C.
Graf	57
Ontdekt door	Th. Davis in 1908
Toestand	uitstekend, maar begint nu te scheuren
Lengte	114 meter
Er is een schacht	diepte?
Het graf bezit	schilderingen en reliëfs; voorstellingen uit o.a. het *Poortenboek*
Het graf is	niet voltooid
Sarcofaag	in het graf
Mummie	niet gevonden
In het graf gevonden voorwerpen	4 hier begraven personen waarvan aanwezig 2 vrouwenschedels 1 mannenschedel, mogelijk de schedel van de koningin Moetnodjem, 41 voorwerpen waaronder: canopenkist; beelden van wachters; panter- en nijlpaardkop; koe van een praalbed; houten zwaan; graan-Osiris; 3 fragmenten uit een ander graf (Sethi I ?)
Deze bevinden zich	in het museum van Cairo
Het graf is	gepubliceerd
Dodentempel	te Qoernah

Het graf is gesloten

RAMSES I

Regering	1293 - 1291 v.C. (1291 - 1289 v.C.)
Graf	16
Ontdekt door	Belzoni
Toestand	redelijk
Lengte	29 meter

nr. 7 Ramses II   *nr. 14 Taoesert/Setnacht*   *nr. 13 Bay*   *nr. 13 in het graf van Bay*

Het graf bezit	schilderingen; voorstellingen uit het *Poortenboek*
Het graf is	niet voltooid
Sarcofaag	in het graf
Mummie	niet gevonden
In het graf gevonden voorwerpen	2 mummies; houten beeld; albasten(?) canopenkist; nog 1 sarcofaag
Deze bevinden zich	in Londen (beeld, Brits Museum)
Het graf is	gepubliceerd
Dodentempel	onbekend
Het graf is gesloten	

SETHI I

Regering	1291 - 1279 v.C.
Graf	17
Ontdekt door	Belzoni
Toestand	tot nu toe goed, maar begint te vervallen
Lengte	98 meter, zonder de open entree
Er is een schacht	9 meter diep
Het graf bezit	schilderingen en reliëfs uit het *Poortenboek, Boek van de Hemelkoe*
Het graf is	onvoltooid
Sarcofaag	in Londen (Soane Museum)
Mummie	in het museum van Cairo
In het graf gevonden voorwerpen	mummie van een stier; houten beelden
Deze bevinden zich	in Cairo en Londen (Brits Museum heeft de beelden)
Het graf is	deels gepubliceerd
Dodentempel	te Qoernah
Het graf is geopend	

RAMSES II

Regering	1279 - 1212 v.C.
Graf	7
Ontdekt door	Lepsius in 1845; volgestroomd in 1900 en deels weer geopend door H. Burton in 1914
Toestand	desastreus
Lengte	99 meter (zonder het deel achter de hal)
Er is een schacht	diepte?
Het graf bezit	reliëfs met voorstellingen uit o.a. *Amdoeat, Boek van de Hemelkoe*
Het graf is	gereedgekomen
Sarcofaag	onbekend
Mummie	in het museum van Cairo
In het graf gevonden voorwerpen	houten beeldje; een pseudo-canopenvaas

Deze bevinden zich	in Parijs (canope, Louvre) en Londen (beeld in Brits Museum)
Het graf is	onvolledig gepubliceerd
Dodentempel	te Qoernah (Ramesseum)
Het graf is gesloten	

MERNEPTAH

Regering	1212 - 1202 v.C.
Graf	8
Het graf was	sinds de oudheid geopend
Toestand	redelijk
Lengte	115 meter (zonder de open gang)
Het graf bezit	schilderingen (zwaar beschadigd) met voorstellingen uit o.a. het *Boek van de Aarde*
Het graf is	onvoltooid
Sarcofaag	van de drie in elkaar passende granieten sarcofagen zijn er twee (deels fragmentarisch) in het graf en één in het museum van Cairo; daarnaast is er een fragment van een albasten mummiekist in het Brits Museum
Mummie	in het museum van Cairo
In het graf gevonden voorwerpen	13 albasten vazen
Deze bevinden zich	o.a. in het museum van Cairo en het Metropolitan Museum, New York
Het graf is	onvolledig gepubliceerd
Dodentempel	te Qoernah
Het graf is gesloten	

SETHI II

Regering	1202 - 1196 v.C.
Graf	15
Toestand	redelijk; Carter gebruikte het als laboratorium tijdens zijn werk in het graf van Toetanchamon
Lengte	72 meter
Het graf bezit	reliëfs met voorstellingen uit de 'onderwereldboeken'
Het graf is	onvoltooid
Sarcofaag	in het graf (fragmenten van deksel) en in Parijs (Louvre)
Mummie	in het museum van Cairo
In het graf gevonden voorwerpen	albasten canopenkist
Deze bevinden zich	in het museum van Cairo
Het graf is	onvolledig gepubliceerd
Dodentempel	onbekend
Het graf is gesloten	

AMENMESSE

Regering	1202 - 1199 v.C.
Graf	10
Het graf is	sinds de oudheid open
Toestand	matig
Lengte	76 meter (± onbekend achterste deel)
Het graf bezit	reliëfs
Het graf is	onvoltooid
Sarcofaag	in het museum van Cairo (fragment)
Mummie	niet gevonden
Het graf is	onvolledig gepubliceerd
Dodentempel	onbekend

Het graf is gesloten

SIPTAH

Regering	1196 - 1190 v.C.
Graf	47
Ontdekt door	Th. Davis in 1905
Toestand	deels ingestort
Lengte	89 meter
Het graf bezit	reliëfs en schilderingen met voorstellingen uit de onderwereldboeken
Het graf is	onvoltooid
Sarcofaag	in het graf (beschadigd)
Mummie	in het museum van Cairo
In het graf gevonden voorwerpen	2 extra sarcofagen waarvan de kleinste van de koninginmoeder is; canopenkist; canopenkist van de moeder; oesjebti's; albastfragmenten
Deze bevinden zich	in New York (Metropolitan Museum)
Het graf is	onvolledig gepubliceerd
Dodentempel	te Qoernah

Het graf is gesloten

TAOESERT

Regering	1201 - 1198 v.C.
Graf	14
Het graf is	sinds de oudheid open
Toestand	redelijk
Lengte	111 meter (zonder de open entree)
Het graf bezit	reliëfs
Het graf is	deels onvoltooid
Sarcofaag	niet gevonden
Mummie	in het museum van Cairo
Het graf is	onvolledig gepubliceerd
Dodentempel	te Qoernah

Het graf is gesloten

SETNACHT

Regering	1185/1184 - 1182 v.C.
Graf	14; Setnacht usurpeerde het graf van Taoesert
Het graf is	sinds de oudheid open
Toestand	redelijk
Lengte	111 meter (zonder de open entree)
Het graf bezit	reliëfs
Het graf is	gereedgekomen
Sarcofaag	in het graf (beschadigd)
Mummie	in het museum van Cairo (fragmenten)
Het graf is	onvolledig gepubliceerd
Dodentempel	onbekend

Het graf is gesloten

RAMSES III

Regering	1182 - 1151 v.C.
Graf	11
Ontdekt door	Bruce in 1769
Toestand	Desastreus; eerste deel goed
Lengte	124 meter
Het graf heeft	reliëfs en schilderingen
Het graf is	onvoltooid
Sarcofaag	in Parijs (Louvre); het deksel bevindt zich in Cambridge
Mummie	in het museum van Cairo
Het graf is	onvolledig gepubliceerd
Dodentempel	te Qoernah (Medinet Haboe)

Het graf is gesloten

RAMSES IV

Regering	1151 - 1145 v.C.
Graf	2
Het graf was	sinds de oudheid open
Toestand	redelijk
Lengte	67 meter
Het graf heeft	reliëfs met voorstellingen uit o.a. *Amdoeat, Boek van de Poorten, Boek van de Holen*
Het graf is	gereedgekomen
Sarcofaag	in het graf
Mummie	in het museum van Cairo (enkele armzalige resten)
In het graf gevonden voorwerpen	albasten oesjebti; fragmenten houten voorwerpen; fayence; bloemen
Deze bevinden zich	in het museum van Cairo en Parijs (Louvre)
Het graf is	onvolledig gepubliceerd
Dodentempel	te Qoernah

Het graf is gesloten

RAMSES V

Regering	1145 - 1141 v.C.
Graf	9; overgenomen door Ramses VI uiteindelijke begraafplaats van Ramses V onbekend
Sarcofaag	niet gevonden
Mummie	in het museum van Cairo (gevonden in het graf van Amenhotep II)

RAMSES VI

Regering	1141 - 1133 v.C.
Graf	9 (geusurpeerd van Ramses V)
Herontdekt door	de expeditie van Napoleon; het graf werd bezocht door de Grieken (Hermogenes) die het 'het graf van Memnon' noemden
Toestand	goed
Lengte	104 meter
Het graf heeft	reliëfs en schilderingen met voorstellingen o.a. plafond met kaarten van de hemel en 'sterrekaarten'; vignetten; wederopstanding
Het graf is	gereedgekomen
Sarcofaag	in het graf (beschadigd)
Mummie	in het museum van Cairo
Het graf is	deels gepubliceerd
Dodentempel	onbekend

Het graf is open

RAMSES VII

Regering	113 - 1127 v.C.
Graf	1
Het graf is	sinds de oudheid open

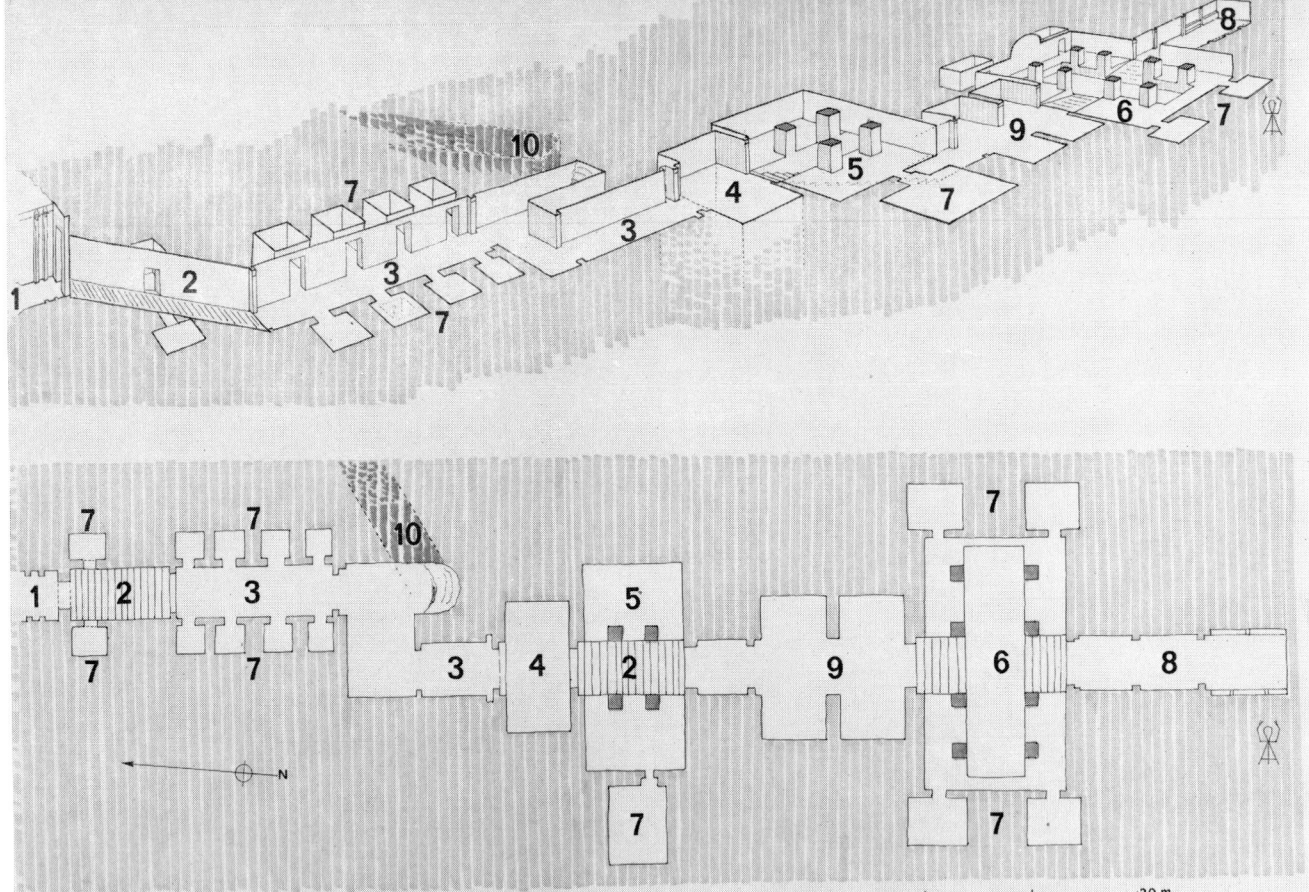

nr. 11 Ramses III

Graf van farao RAMSES III (nr. 11), opstand en plattegrond

1 ingang
2 trap; of hellend vlak
3 gang
4 schacht
5 voorzaal; het verdere gedeelte van het graf staat op instorten
6 grafkamer; een pijlerzaal met 6 pijlers en een crypte
7 zijkamer; er zijn 15 zijkamers; de eerste 10 zijn uniek met voorstellingen uit het dagelijks leven
8 achterkamer; hier een verlengde gang; in de achterste ruimte zijnissen
9 voorkamer
10 plaats waar de bouwers van het graf stootten op het graf van farao AMENMESSE (nr. 10) en hun ontwerp wijzigden

Graf van farao RAMSES IV (nr. 2), antieke plattegrond op papyrus (museum Turijn), moderne plattegrond en doorsnede

1 ingang
2 hellende vlakken
3 gang; nissen in de 2e en 3e gang; de laatste heeft een gewelfde zoldering
5 voorkamer
6 grafkamer; met crypte en sarcofaag in situ
7 zijkamer
8 achterkamer; de voorste heeft nissen

Ontwerp van dit graf op de papyrus
a gang; gang van de weg van de zonnegod Sjoe
b wachtkamer
c 'Gouden huis' (waarin men rust)
d cartouchevormige sarcofaag
e 5 schrijnen met ertussen een baarkleed
f schatkamers: oesjebti-kamers
g schatkamer van de binnenste zaal (voor de canopen)
h nissen; rustplaats der goden
i kamers
k vergrendelde deuren
het onderste deel van deze papyrus ontbreekt maar staat wel getekend op de reconstructie

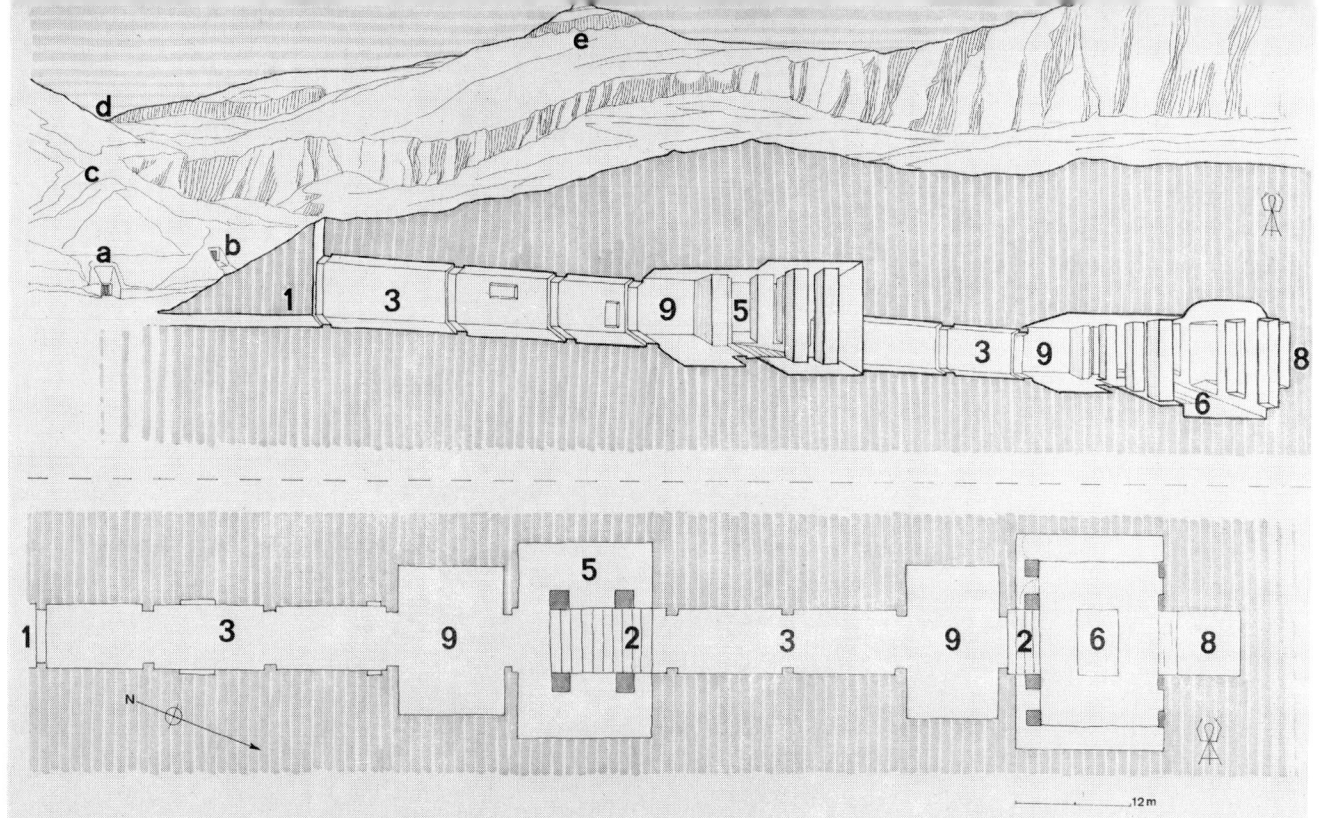

Graf van farao RAMSES V en RAMSES VI (nr. 9), doorsnede met de Vallei der koningsgraven en plattegrond

1 ingang
2 trap; of hellend vlak
3 gang; er zijn 9 gangen; de 2e en 3e heeft nissen
5 voorkamer; zuilenhal met 4 pijlers; tevens einde van het ontwerp voor RAMSES V
6 grafkamer; met crypte en resten sarcofaag in situ; een omgang met 4 zuilen; links in de hoek bevindt zich een brok kwartsiet dat niet verwijderd werd
8 achterkamer; hellend vlak ervoor
9 voorkamer

a graf AMENMESSE (nr. 10)
b graf van RAMSES III (nr. 11)
c bergpad van en naar de Vallei der koningsgraven
d de pas, genaamd de Hoge Plaats, waar zich de bewaking van de vallei bevond
e el-Korn, de Piek

nr. 9 Ramses VI (links),
nr. 8 Merneptah (rechts midden)

Graf van farao RAMSES IX (nr. 16), boven: plattegrond op ostracon (museum Cairo); onder moderne plattegrond en doorsnede

1 ingang
2 trap
3 gang; in de 2e en 3e gang nissen
5 voorkamer; pijlerzaal met 4 zuilen, onvoltooid
6 grafkamer; met crypte en gewelfde zoldering
7 zijkamer
9 voorkamer

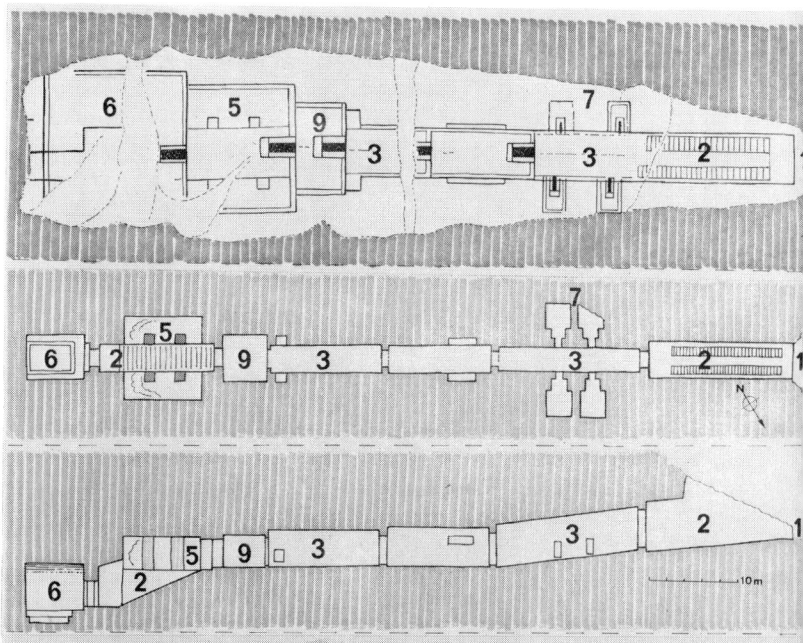

Toestand	redelijk
Lengte	40 meter
Het graf heeft	reliëfs
Het graf is	gereedgekomen
Sarcofaag	in het graf
Mummie	niet gevonden
Het graf is	onvolledig gepubliceerd
Dodentempel	onbekend

Het graf is gesloten

RAMSES VIII

Regering	1127 - 1126 v.C.
Graf	misschien 19, maar er is geen bijzetting gevonden

RAMSES IX

Regering	1126 - 1108 v.C.
Graf	6
Het graf is	sinds de oudheid open
Toestand	goed
Lengte	74 meter
Het graf heeft	reliëfs en schilderingen met voorstellingen uit o.a. *Zonnelitanie; Amdoeat; Poortenboek; Holenboek*
Het graf is	niet voltooid
Sarcofaag	niet gevonden
Mummie	in het museum van Cairo (fragmenten)
In het graf gevonden voorwerpen	een deel van een slede voor vervoer van de mummiekist
Deze bevinden zich	in het museum van Cairo
Het graf is	niet geheel gepubliceerd
Dodentempel	te Qoernah

Het graf is geopend

RAMSES X

Regering	1108 - 1098 v.C.
Graf	18
Het graf is	sinds de oudheid open
Toestand	ontoegankelijk want verstopt met puin
Lengte	nooit opgemeten door toestand graf

Het graf is gesloten

RAMSES XI

Regering	1098 - 1070 v.C.
Graf	4
Het graf is	sinds de oudheid open
Lengte	93 meter
Het graf heeft	reliëfs en schilderingen
Het graf is	onvoltooid
Sarcofaag	niet gevonden
Mummie	onbekend

Het graf is	niet gepubliceerd
Dodentempel	te Qoernah

Het graf is gesloten

MAHIRPER, waaierdrager

Levend	ten tijde van Hatsjepsoet (± 1500 v.C.)
Graf	36
In het graf gevonden voorwerpen	complete kisten; hondehalsbanden met naam en jachtscènes
Deze bevinden zich	in het museum van Cairo

Het graf is gesloten

JOEYA en TOEYA, ouders van koningin Teje

Levend	± 1380 v.C.
Graf	46
Ontdekt door	Th. Davis in 1904
Toestand	goed
Het graf is	gereedgekomen, er zijn geen schilderingen of reliëfs
Mummies	in het museum van Cairo
In het graf gevonden voorwerpen	na een kleine beroving bleef praktisch de hele grafuitrusting intact; enige voorwerpen zijn: 4 mummiekisten van Yoeja; 3 idem van Toeya (het eerst overleden); masker van Joeya van textiel en gips, overdekt met goud; een hierover geplaatste gecarboniseerde linnen sluier; meubels; wagens; vaatwerk; dozen met vlees
Deze bevinden zich	in het museum van Cairo
Het graf is	gedocumenteerd en gepubliceerd

Het graf is open

AMENHOTEP, zoon van Hapoe

Levend	ten tijde van Amenhotep III (± 1390 v.C.)
Het graf	heeft geen nummer maar de letter A en ligt in de Westvallei, dichtbij nr 22
Ontdekt door	E.Chassinat
Het graf is	niet geheel onderzocht
In het graf gevonden voorwerpen	bewerkt leren onderdeel van een wagen; 6 kleizegels van potten; buiten het graf nog eens 6 kleizegels; harnas; grote scarabee
Dodentempel	te Qoernah

Het graf is gesloten

nr. 1 Ramses VII   *nr. 19 Mentoeherchopsjef*   *nr. 18 Ramses X*   *nr. 4 Ramses XI*

BAY, kanselier onder Siptah
Levend ± 1200 v.C.
Graf 13
Toestand onbekend; het is bijna geheel met puin gevuld
Lengte onbekend
Het graf heeft geen afbeeldingen
Het graf is niet gepubliceerd

Het graf is open

Prins MENTOEHERCHOPSJEF
Levend ± 1180 v.C.
Graf 19
Ontdekt door Th. Davis, maar was sinds de oudheid open
Toestand goed
Lengte 20 meter
Het graf bezit reliëfs
Het graf is niet gereedgekomen
Sarcofaag in het museum van Cairo (fragmenten)
Mummie niet gevonden
In het graf gevonden voorwerpen zwart stenen sarcofaag
Het graf is onvolledig gepubliceerd
Dodentempel onbekend

Het graf is gesloten

De graven in de
VALLEI DER KONINGINNEN (Biban el Harim)

Koningin SITRE
vrouw van Ramses I
moeder van Sethi I
Levend ± 1290 v.C.
Graf 38
Ontdekt door Schiaparelli in 1903-1905

Koningin NEFERTARI
vrouw van Ramses II
Levend 1256 v.C. overleden
Graf 66
Ontdekt door Schiaparelli in 1904
Toestand vervalt
Lengte 40 meter
Het graf heeft beschilderde reliëfs
Het graf is gereedgekomen
Sarcofaag in het museum van Turijn (fragmenten)
Mummie in het graf werden mummieresten gevonden
Het graf is gedocumenteerd en gepubliceerd

Het graf is gesloten

Prinses MERITAMON
dochter van Ramses II en Nefertari
Levend ± 1250 v.C.
Graf 71
Ontdekt door Chapollion; bezocht door Lepsius; ontruimd door Schiaparelli tussen 1903-1905
Sarcofaag in het museum van Turijn (fragmenten)

Het graf is gesloten

Prins CHAEMWESET
zoon van Ramses III
Levend ± 1170 v.C.
Graf 44
-Ontdekt door Schiaparelli tussen 1903-1905
Toestand goed
Lengte ± 20 meter
Het graf bezit beschilderde reliëfs
Het graf is gereedgekomen
Het graf is onvolledig gepubliceerd

Het graf is open

Prins AMONHERCHOPSJEF
zoon van Ramses III
Levend ± 1170 v.C.
Graf 55
Ontdekt door Schiaparelli tussen 1903-1905
Toestand goed
Lengte 20 meter
Het graf bezit beschilderde reliëfs
Het graf is gereedgekomen
Sarcofaag in het graf
Het graf is onvolledig gepubliceerd

Het graf is open

Prins SETHERCHOPSJEF
zoon van Ramses III
Levend ± 1170 v.C.
Graf 43
Ontdekt door Schiaparelli tussen 1903-1905
Lengte ca. 20 meter
Het graf bezit beschilderde reliëfs
Het graf is gereedgekomen
Het graf is onvolledig gepubliceerd

Het graf is gesloten

Prins PARAHEREMHEF
zoon van Ramses III
Levend ± 1170 v.C.
Graf 42
Ontdekt door Schiaparelli tussen 1903-1905

Het graf is gesloten

Koningin ISIS
een Syrische prinses?
mogelijk moeder van Ramses VI
Levend ten tijde van Ramses VI ± 1150 v.C.
Graf 51
Ontdekt door Schiaparelli tussen 1903-1905

Het graf is gesloten

Koningin TITI
vrouw van Ramses II (?)
Levend ± 1270 v.C.
Graf 52
Ontdekt door Schiaparelli tussen 1903-1905
Toestand beschadigd
Lengte ca. 25 meter
Het graf bezit beschilderde reliëfs
Het graf is gereedgekomen
Het graf is onvolledig gepubliceerd

Het graf is open

Chronologie

Naar Edward Wente en Charles van Siclen III

Achttiende dynastie

Ahmose I	1570-1546 v.C.
Ahmenhotep I	1551-1524 v.C.
Thoetmoses I	1524-1518 v.C.
Thoetmoses II	1518-1504 v.C.
Thoetmoses III	1504-1450 v.C.
Hatsjepsoet	1503/1498-1483 v.C.
Amenhotep II	1453-1419 v.C.
Thoetmoses IV	1419-1386 v.C.
Amenhotep III	1386-1349 v.C.
Amenhotep IV (Echnaton)	1350-1334 v.C.
Smenchkare	1336-1334 v.C.
Toetanchamon	1334-1325 v.C.
Eje	1324-1321 v.C. (1324-1319 v.C.)
Horemheb	1321-1293 v.C. (1319-1291 v.C.)

Negentiende dynastie

Ramses I	1293-1291 v.C. (1291-1289 v.C.)

De jaren tussen (   ) zijn alternatieve data.

Sethi I	1291-1279 v.C. (1289-1279 v.C.)
Ramses II	1279-1212 v.C.
Merneptah	1212-1202 v.C.
Sethi II	1202-1196 v.C.
Amenmesse	1202-1199 v.C.
Siptah	1196-1190 v.C.
Taoesert	1201-1198 v.C.
Tussenregering	1188-1185/4 v.C.

Twintigste dynastie

Setnacht	1185/84-1182 v.C.
Ramses III	1182-1151 v.C.
Ramses IV	1151-1145 v.C.
Ramses V	1145-1141 v.C.
Ramses VI	1141-1133 v.C.
Ramses VII	1133-1127 v.C.
Ramses VIII	1127-1126 v.C.
Ramses IX	1126-1108 v.C.
Ramses X	1108-1098 v.C.
Ramses XI	1098-1070 v.C.

Bibliografie

Aldred, C.	Akhenaton, Thames & Hudson, Londen 1968
	Juwelen van de farao's, Fibula-van Dishoeck Bussum 1978
Baedeker, K.	Egypt, 8e druk 1929
Carter, H.	Het graf van Toetankhamon, Fibula-van Dishoeck 1972
Černý, J. & Desroches-Noblecourt, C.	Les Graffiti de la Montagne thébaine Centre de Documentation Cairo 1969-1970
Černý, J.	The Valley of the Kings, Institut français Cairo 1973
Davis, Th.	Tomb of Queen Tiji, 1910
Desroches Noblecourt, C.	Ramses le Grand, Catalogus tentoonstelling 1976
	Toetanchamon, Becht Amsterdam 1963
Dondelinger, E.	Der Jehnseitsweg der Nofretari Akademische Druck- & Verlags-Anstalt Graz 1973
Edwards, I.E.S.	Toetanchamon Unieboek 1978
Fagan, B.M.	The Rape of the Nile, Book Club Associates 1975
Hawkes, J.	Atlas of Ancient Archeology, 1974
Hayes, W.C.	The Scepter of Egypt, deel II, Metropolitan Museum New York 1959
Hornung, E.	Aegyptische Unterweltbücher, Artemis Verlag Luzern-Zurich 1974
	Das Grab des Horemheb, Francke

	Verlag Bern 1971
Leca, P-A.	Les Momies, Hachette 1976
Michalowski, K.	The Art of Ancient Egypt, Thames & Hodson
Peet, T.E.	The Great Tomb Robberies of the 20th Dynasty, Oxford 1930
Piankoff, A.	The Shrines of Tout-Ankh-Amon, Harper & Row New York 1962
	The Tomb of Ramses VI, New York 1954
Porter & Moss	Topographical Bibliography, deel I Royal Tombs 1964
Sethe, K.	Totenliteratur der alten Aegypter, Berlijn 1931
Steindorff, G. & Wolf, W.	Die Thebanische Gräberwelt
Stricker, B.	De geboorte van Horus, Brill Leiden 1963, 1968 en 1973
Tadema Sporry, J.	De geschiedenis van Egypte, Fibula-van Dishoeck 1976
	De geschiedenis van Thebe Fibula-van Dishoeck 1967
	Het wereldrijk der farao's Fibula-van Dishoeck 1979
Thomas, E.	Royal Necropoleis, 1966
Vergote, J.	De godsdienst der Egyptenaren, 1971
Weeks, K.	Farao doorgelicht, Fibula- van Dishoeck 1973